어린이를 위한 뇌과학 프로젝트

정재승의 인간탐구보고서

기획 **정재승** | 글 **정재은 이고은** | 그림 **김현민**

아울북

차례

〈인간 탐구 보고서〉를 시작하며 6
  청소년들에게 '호모 사피엔스 뇌의 경이로움'을 일깨워 주었으면

등장인물 소개 12

프롤로그 16
  새로운 추적자의 등장
  라후드, 위험에 처하다?!

뇌가 말랑해지는 시간 86, 155
4권 미리보기

1 어느 완벽한 외계인의 고충 ······· **28**
  외계인을 불편하게 하는 지구인의 질투심
  보고서 13 지구인들은 질투쟁이다

2 수련회에서 생긴 일 ······· **43**
  걱정이 걱정인 지구인들
  보고서 14 지구인들은 극복하기 위해 걱정을 만든다

3 아우린 본부 감전 사고 ······· **65**
  별걸 다 참견하는 지구인들
  보고서 15 지구인들은 생존을 위해 돕는다

4 줍줍할매의 보물 창고 ····· 87
지구인의 공감 방법
보고서 16 지구인들은 돌보는 것을 좋아한다

5 미용실의 완벽한 손님 ····· 105
화가 난 지구인은 매우 위험하다
보고서 17 지구인은 종종 화를 낸다

6 유니의 충동구매 ····· 123
지구인들은 자기가 한 거짓말에 고통받는다
보고서 18 지구인들의 있는 척, 아는 척, 잘난 척

7 중대한 결정 ····· 139
지구인들의 감정은 자주 폭발한다
보고서 19 지구인들의 후회 보고서

<인간 탐구 보고서>를 시작하며

청소년들에게 '호모 사피엔스 뇌의 경이로움'을 일깨워 주었으면

어린이와 청소년들에게 단 한 권의 책을 읽혀야 한다면, 그것은 '우리들에 대한 과학'이어야 한다고 생각합니다. 우리 인간이 왜 이렇게 행동하고 생각하는지 '마음의 과학'을 일러주어야 한다고 말입니다. 어린 시절 우리가 무척 궁금해하고 고민하는 대부분의 것들은 바로 나와 가족, 친구들, 그리고 이웃들의 마음에서 비롯된 것들이니까요.

왜 엄마가 하지 말라는 행동은 더 하고 싶은 걸까요? 아빠가 형이나 오빠를 더 챙기면 질투가 나서, 왜 형까지 미운 걸까요? 왜 시험 때만 되면 교과서 말고 다른 책들이 더 읽고 싶어지는지, 왜 좋아하는 여학생은 더 잘 대해 주어야 하는데 오히려 놀리고 싶은지, 정말 궁금하지요.

어린이들에게 마음의 과학을

마음을 탐구하는 학문인 뇌과학과 심리학은 인간의 사고, 판단, 행동에 대한 가장 흥미로운 설명을 우리들에게 들려줍니다. 지난 150년간 신경과학자들과 심리학자들은 '인간 뇌가 어떻게 작동하여 마음

이란 걸 만들어 냈는지' 꽤 많은 걸 밝혀냈습니다. 초등학교와 중학교에 다니는 학생들에게 다른 나라 언어나 복잡한 수학 공식을 가르쳐 주는 것도 필요하지만, '마음의 과학'을 가르쳐 주는 것이 가장 중요합니다. 나는 누구이며, 우리는 어떤 존재인지, 인간 사회는 왜 이렇게 돌아가는지에 대해 과학자들이 밝혀낸 사실들을 아이들에게 알려 주어야 합니다. 그게 우리에게 진짜 유익한 지식이니까요.

그런데 놀랍게도, 우리나라는 고등학교를 졸업할 때까지 뇌과학이나 심리학을 배울 기회가 거의 없습니다. 생물 시간에 잠깐, '우리 뇌는 뉴런이라는 신경 세포들이 시냅스로 연결된 거대한 그물망(네트워크)이며, 뉴런들이 서로 전기 신호를 주고받으면서 놀라운 정신 작용을 만들어 낸다.'는 것 외에는 세상이 아이들에게 '뇌와 마음'에 대해 가르쳐 주지 않습니다.

제게는 딸 셋이 있습니다. 초등학교에 다니는 저희 딸아이들을 위해 제가 책을 한 권 낼 수 있다면, '어린이와 청소년들을 위한 뇌과학' 책이어야 한다고 생각했습니다. 그렇게 해서 이 책이 탄생하게 됐습니다. 무려 10년 전부터 준비했던 이 책이 여러 우여곡절을 거쳐 드디어 근사한 모습으로 빛을 보게 된 것입니다. 바라건대, 이 책이 혼란스러운 어린 시절과 고민 많은 사춘기를 관통하게 될 모든 10대들에게

'나에 대한 친절한 가이드북'이 되었으면 합니다. 뇌과학과 심리학이 그들을 유익한 방황과 진지한 성찰로 인도해 줄 겁니다.

인간의 일상을 낯설게 관찰하기

이 책은 외계인의 시선으로 인간을 탐구하는 흥미로운 이야기입니다. 아우레 행성으로부터 외계 생명체 아싸, 바바, 오로라, 라후드가 지구로 찾아옵니다. 아우레에서 더 이상 살 수 없게 되자, 이주할 외계 행성을 찾기 위해 지구에 파견 온 그들은 지구의 지배자인 인간들을 관찰합니다. 우리 인간들을 물리치고 지구를 점령할지, 인간들과 공존하며 지구에서 함께 살지 알아보기 위해 말입니다.

호모 사피엔스를 처음 만난 아우린들에게는 인간의 모든 행동 하나하나가 흥미로운 관찰 대상입니다. 얼굴에 옹기종기 모여 있는 눈, 코, 입의 형상에 지나치게 집착하는 것도 흥미롭고, 기억력도 자신들에 비해 부실하고, 불쑥불쑥 화를 내며 충동 억제를 잘 못하는 인간들이 그저 신기하기만 합니다. 그러면서도 그들은 자신들을 '현명한 동물(Homo sapiens, 호모 사피엔스)'이라고 부르니 말입니다. 전혀 합리적으로 행동하지 않는 우리 호모 사피엔스들이 그들에겐 그저 어리석게만 보일 뿐입니다. 하지만 그들이 우리를 점점 알아 가면서 우리 인

간들의 장점도 파악하겠지요? 기대해 봅니다.

  아이들은 이 책의 첫 페이지를 열면서 외계인의 시선으로 인간을 바라보는 생경한 경험을 하게 될 것입니다. 아싸와 아우레 탐사대처럼 인간을 관찰한 후 '탐구 보고서'를 아우레 행성으로 보내는 과정에 동참할 것입니다. 이 과정을 통해 아이들은 우리들의 평범하고 당연한 일상을 낯설게 바라보는 경험을 하게 될 것입니다. 마치 우리가 곤충을 관찰하고 기록 일기를 쓰듯이, 인간의 일상을 관찰하고 탐구 보고서를 쓰면서 우리를 돌아보게 될 것입니다.

인간이라는 사랑스럽고 경이로운 생명체

  그 과정에서 아이들은 우리 인간을 비로소 '이해'하게 될 것입니다. 외계 생명체 라후드처럼 '인간은 정말 이해 못 할 이상한 동물'이라고 여겼다가, 점점 우리들을 이해하게 될 것입니다. 방금 본 것도 잘 기억하지 못할 정도로 호모 사피엔스의 기억 중추는 턱없이 부실하지만, 그렇기에 우리는 부실한 기억 중추를 만회하려고 '반드시 기억해야 할 것이 무엇인지, 소중한 것이 무엇인지 판단하는 능력'을 얻게 됐는데, 그것이 우리를 더 근사한 존재로 만든다는 것을 깨닫게 되지요. 친구가 산 옷이면 나도 사고 싶고, 형이 먹는 걸 보면 배가 고프지 않아도 나도 먹고 싶고, 동생이 우는 것만 봐도 나도 그냥 눈물이 날 정도로 우리 인간들은 '이상한 따라쟁이'입니다. 하지만 그 덕분에 다른 사람의 감정에 공감하며 슬픔을 함께 극복하고 힘든 역경을 이겨 낼 수 있다는 걸 깨닫게 됩니다. 아싸와 아우레 탐사대가 그렇듯, 우리 어린이들도 이 책을 읽으면서 인간 존재의 신비로움을 깨닫게 될 것입니다.

그러면서 결국 외계 생명체 아우린들이 '인간이 얼마나 사랑할 만한 존재'인지 알아주었으면 합니다. 무지 비합리적이고 종종 충동적이며 때론 폭력적이기까지 한 존재이지만, 인간 내면의 실체를 모두 알게 되면, 우리 호모 사피엔스가 얼마나 사랑스러운 존재인지 깨달았으면 좋겠습니다. 아우레 행성의 외계 생명체들이 제발 우리를 지배하려 하지 말고, 우리 인간들의 사랑스러운 매력에 빠져 주길 희망합니다.

무엇보다도, 인간의 뇌는 이성과 감성이라는 두 말이 이끄는 쌍두마차로서, 우리가 사는 세상을 좀 더 근사한 곳으로 만들기 위해 끊임없이 애쓰는 경이로운 기관임을 그들이, 아니 어린 독자들이 알아주었으면 합니다. 우리는 과학이라는 정교한 현미경을 가지고 있으면서도, 동시에 예술이라는 풍성한 악기도 가지고 있는 놀라운 생명체라는 사실 말입니다. 바티칸 시스티나 성당의 '천지창조'를 그릴 정도로

풍부한 감성을 가졌으면서도, 동시에 우주가 빅뱅에 의해 138억 년 전에 탄생했다는 사실을 밝혀낸 이성적인 존재라는 사실 말입니다.

인간의 숲으로 도전적인 탐험을!

　인간의 실체가 모두 속속들이 밝혀질 때까지, 아싸와 아우레 탐사대의 '인간 탐구 보고서'는 아우레 행성을 향해 끊임없이 발신될 것입니다. 호모 사피엔스의 뇌가 가진 경이로운 능력, 사랑스러운 매력이 외계 생명체들에게 충분히 이해될 때까지 보고서는 결코 멈추지 않을 것입니다. 그 과정에서 우리 어린이들 또한 인간에 대한 이해가 깊어지겠지요? 외계 생명체 아우린들이 흥미롭게 써 내려간 '인간 탐구 보고서'에서 어린이들과 청소년들이 나를 발견하는 놀라운 경험을 하게 되길 진심으로 기대합니다. 사실 인간 탐구 보고서는 인간 사회를 지배하기 위해 아우레 행성의 정복자들이 작성한 무시무시한 보고서가 아니라, 인간이라는 숲을 탐색하는 외계 탐험가의 도전적인 보고서이기 때문입니다. 자, 이제 그들의 인간 탐험을 흥미롭게 함께해 주시길!

　　　　　　　　　정재승 (KAIST 뇌인지과학과+융합인재학부 교수)

등장인물 아우레인

덩치가 작고 머리가 좋은 과학자.
청각이 아주아주 예민하다.
무려 아우린 본부 2층에서 1층에 있는
개미 숨소리까지 들을 수 있을 정도!
평소에는 마음의 안정을 위해 사용하지 않는다.
그러나 계속되는 수상한 감시 때문에
숨겨 왔던 청각 능력을 발휘하고 만다!

아싸

아우레 행성의 과학자.
첨단 장비를 매우 잘 다룬다.
강아지로 변신한 탓에 의도치 않게
탐사대의 귀여움을 담당하는 중.
최근에는 강아지들의 애교 스킬을 완벽하게
구사하기에 이르렀다. 지구인들은 강아지만 보면
정신을 못 차리니까!

바바

오로라

아우레 행성의 군인이자
미용실 바닥 쓸기의 달인.
목표에 방해가 되는 것은 무엇이든
제거할 준비가 된 행동파이자, 냉혹한 전략가.
그의 눈에 매 순간 기분파인 위니 원장은
가장 이해 못 할 인물.
그러던 어느 날 미용실에서 지구인 같지 않은
완벽한 손님을 만나게 되는데……!

라후드

아우레 행성의 외계 문명 탐험가.
외계인 치고는 허술한(?) 매력으로
지구인들과 쉽게 어울린다.
폭신하고 통통한 배가 포인트.
우주 곳곳을 탐험하며 다양한 문화를 경험했지만
최고는 역시 지구의 텔레비전!
마음만 먹으면 30시간 동안 소파에
붙어 앉아서 텔레비전을 볼 수 있다.

등장인물 지구인

써니
밝고 명랑한 초등학교 5학년.
여느 지구인처럼 걱정을 달고 산다.
요즘 가장 큰 걱정은 수련회. 수련회에서
귀신을 만나게 될까 봐 걱정 반, 기대 반.

유니
외모와 친구, 유행에 관심이 많은
중학교 2학년. 매일 아침 옷장 앞에서
1시간을 고민한다. 친구들 사이에서
뒤처지지 않기 위해 종종 '척'을 한다.

위니 원장
위니 미용실 주인.
까탈스러운 손님이 제일 힘들다.
불쑥불쑥 솟아오르는
화를 참지 못하는 다혈질.
화가 나면 자꾸 떡볶이를 찾는다.

줍줍할매
위니 원장의 어머니.
음식만 하면 옆집을 찾는다.
틈날 때마다 모아 둔
지하실의 물건들은 보물 1호.
그곳엔 아우레 탐사대의 보물도 있다!

준

5학년 2반의 과거 인기남.
최근 아싸에게 최고 인기남의 자리를 내줬다.
공부부터 운동까지 무엇 하나 빠지는 게 없었지만,
요즘 들어 자꾸 자신을 남과 비교하게 된다.

윤박

지하 세계 보스의 부하. 나사 하나 풀린 듯 보이지만
사실은 유능한 과학자다. 입 속엔 항상 풍선껌.
풍선껌이 창의력을 돕는 것 같다.

검은 양복

지하 세계 보스의 또 다른 부하. 검은 양복을 입지 않으면
패션에 대한 자신감이 떨어진다. 아우린이 지구에 도착한
첫날부터 이상하게 주변을 맴도는 수상한 인물.

새로운 추적자의 등장

라후드, 위험에 처하다?!

부—웅

외계인 녀석들….

후다닥

잡히기만 해 봐라!!

쿵

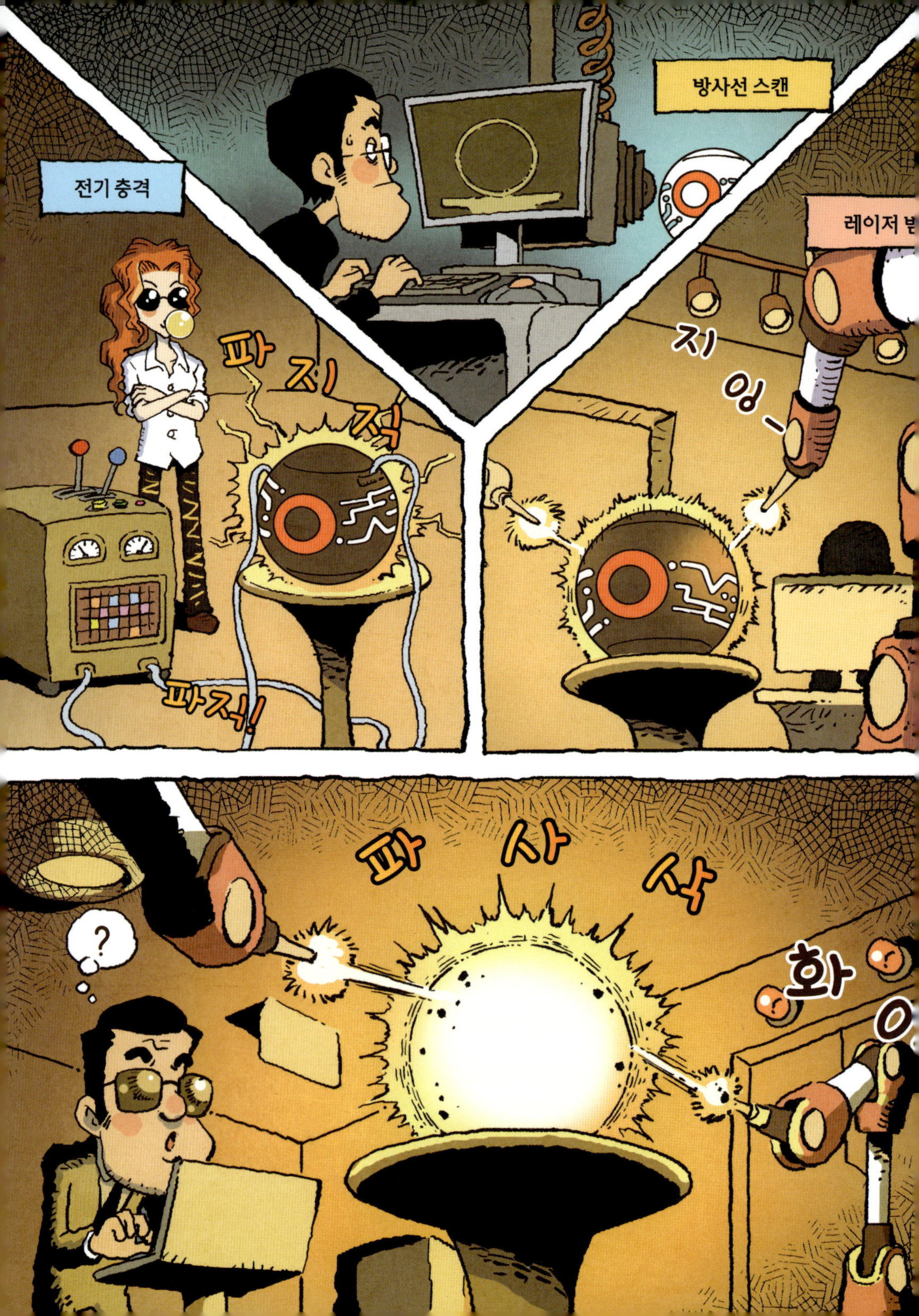

방사선 스캔
전기 충격
파지직
파지직!
지잉-
파사삭
화악
?

아우레 탐사대의 임무는 지구인과 지구 환경을 탐구하고 무사히 아우레 행성으로 돌아가는 것이다. 하지만 귀환의 시점은 탐사대가 정할 수 없다. 행성에서 웜홀을 통과할 우주선을 보내 주어야 한다.

그때까지 탐사대는 정체를 들키지 않고 안전을 지켜야 한다. 지구의 외계인 연구소에서 본 엑스파일에 따르면 지구인은 외계인을 '적대적'으로 대할 가능성이 높기 때문이다.

"갔지? 진짜 갔지?"

라후드는 외계인 추적자들이 완전히 사라진 것을 확인하고 아우린 임시 본부로 들어갔다.

"라후드, 이것을 지구인 슈트에 달아라. 아깐 들킬 뻔했다."

바바가 작은 기계를 라후드에게 건넸다. 외계 방사선 탐지기를 무력화하는 기계였다.

1

어느 완벽한 외계인의 고충

외계인을 불편하게 하는
지구인의 질투심

 누군가 지켜보고 있다. 외계인 추적자일까? 추적자가 보낸 스파이? 아씨는 발걸음 소리까지 죽이고 다가오는 적을 향해 홱 돌았다.

 "야, 놀랐잖아."

 써니가 소리를 꽥 질렀다. 써니는 외계인 추적자도, 추적자의 스파이도 아닐 것이다. 신체적, 지적 능력이 낮고 나이도 어리다. 지구에서는 어린 사람에게 중요한 임무를 맡기지 않는다. 그래도 아씨는 확인했다.

 "날 감시하는 거냐? 이유는?"

 "아니. 난 그냥 학교에 같이 가려는 거거든."

"알았다."

"아싸 너, 가끔 보면 진짜 이상해. 지구인이 아닌 것 같기도 하고……. 천재라 그런가?"

"맞다. 천재다."

"말투 봐, 진짜 이상하다니까."

써니는 고개를 절레절레 흔들었다.

교문 앞에서 아싸는 자신을 훔쳐보는 눈길을 느꼈다. 어린 지구인들이 몰래 아싸를 찍고 있었다. 아싸의 팬클럽은 계속 늘어나고 있다. 팬클럽은 추적자만큼이나 위험하다. 일거수일투족을 감시하는 통에 정체를 들킬 가능성이 매우 크다.

'지구에서 한 가장 큰 실수는 잘생긴 얼굴로 변신한 일이다.'

아싸는 사진 찍는 아이들에게 다가갔다.

교실에 들어선 순간 아싸는 또 수상한 눈길을 감지했다. 아싸는 조심스럽게 아이들 하나하나를 관찰했다. 지구인의 표정과 몸짓의 뜻을 다 파악하지 못한 탓일까? 시각만으로는 분석에 한계를 느꼈다.

아싸는 지능만큼이나 예민한 청각을 열었다. 평소에는 시끄러워서 일부러 청각 기능을 줄였지만, 감시자를 찾기 위해 어쩔 수 없이 끔찍한 소음을 감수했다.

감시자의 불평 가득한 목소리. 아싸는 뚜벅뚜벅 그에게 다가갔다. 감시자는 놀라서 고개를 번쩍 들었다.

"준, 나를 쳐다보고 재수 없다고 말하는 이유가 뭐지?"

"내가 언제 그랬냐? 내가 너를 왜 봐? 뭐, 네가 너무 잘나서 질투라도 하는 줄 알아?"

준은 당황해서 진심을 털어놓고 말았다.

아싸가 전학을 오기 전까지 준은 5학년 2반의 인기남이었다. 친구들이 뽑아 준 회장이었고, 공부도 잘하고 운동도 잘해서 인기가 좋았다.

아싸가 등장한 이후 준은 그 모든 것을 한꺼번에 빼앗겼다. 아싸는 진짜 천재였고, 진짜 잘생겼고, 말을 잘 안 하는 신비주의 전략으로 인기를 높였다. 게다가 기억력 대결로 준에게 치욕적인 별명까지 안겼다.

"너는 천재고 나는 미달이라고? 흥, 복수할 거야."

그날부터 준은 아싸를 지켜보았다. 아싸의 약점을 친구들에게 알려서 인기를 떨어뜨릴 작정이었다. 하지만 아싸는 좀처럼 약점을 드러내지 않았다.

어쩔 수 없이 준은 비겁한 방법을 썼다. 아싸에 대해 안 좋은 소문을 퍼트렸다.

"아싸는 이전 학교에서 외톨이였대. 잘난 척하고, 이기적이라고……."

아이들은 이상하게도 외톨이가 전학 오면 쉽게 다가가지 않았다. 준은 소문이 퍼져서 아싸의 인기가 뚝 떨어지기를 바랐다. 하지만 치사한 음모는 준의 의도대로 이루어지지 않았다. 아이들은 오히려 아싸에게 더 관심을 가졌다. 써니는 아예 아싸의 단짝이 되겠다고 나섰다.

써니는 어린이집 3세 반부터 지금까지 준의 절친이었다. 절친마저 뺏긴 준은 질투로 마음이 이글이글 불타올랐다. 아싸는 관심도 없는데 혼자서 안달복달하는 것 같아 더 분했다.

준의 불타오르는 질투심은 아싸를 불편하게 만들었다. 그렇게 날카로운 눈으로 아싸를 감시하면 정체를 들킬 가능성이 커지기 때문이다. 아싸는 아우레 탐사대와 함께 준의 감시를 피할 대책을 논의했다.

며칠 뒤 아싸가 가장 좋아하는 수학 시험을 보는 날, 아싸는 모자란 지구인 작전을 펼쳤다. 평소처럼 스무 문제의 정답을 단숨에 썼다가 마지막 문제를 신중하게 고쳤다.

일부러 틀린 답으로.

준도 신중하게 문제를 풀었다. 아싸를 이기려고 공부를 많이 한 보람이 있었다.

'다 아는 문제네. 이번엔 나도 100점이다, 흥!'

준은 시험지를 내기 전 아싸를 힐끔 노려봤다. 하필이면 아싸의 시험지가 눈에 확 들어왔다.

'어, 20번 답이 나랑 다르네? 나 제대로 푼 것 같은데……. 아싸가 맞을까? 수학 천재잖아.'

다시 풀어 볼 시간은 없었다. 준은 잠깐 고민하다 아싸의 답으로 고쳤다. 하지만 결과는…….

보고서 13
지구인들은 질투쟁이다

🌍 2019년 7월 4일 🪐 아우레 7385년 21월 49일 작성자: 아싸

지구 사건 개요

* 30지구일 전부터 준의 감시가 시작됨. 준의 감시 이유는 질투심 때문. 준은 자신의 인기를 빼앗은 나를 질투하고 있음.
* 지구인이 모든 지구인을 감시하는 것은 아님. 지구인들은 좋아해도 감시하고 싫어해도 감시함. 감시할 상대를 계속 찾아다님. 감시 대상을 찾는 기준은 알 수 없음. 그냥 감시하는 걸 즐기는 것 같음.
* 준은 나를 감시하다 못해, 내 시험지까지 감시함. 덕분에 조금 부족해 보이기 위해 일부러 틀리게 쓴 답을 베껴 쓰는 실수를 함. 심지어 준은 자신의 답이 정답이라는 확신이 있었음. 지구인의 질투는 이성적인 판단을 마비시키는 것이 분명함.

지구인들은 끊임없이 남과 비교한다

- 지구인들은 계속해서 남과 자신을 비교함. 성적도, 행복도, 외모도 모두 다른 지구인을 기준으로 삼아 평가함. 다른 지구인보다 많이 가지면 행복하고, 적게 가지면 슬퍼함. 매사 남과 비교하며 경쟁하는 것임.
- 이 때문에 지구인들은 남의 성공을 보면서 자신이 실패했다고 느낌. 실제로 두 사건은 전혀 연관이 없음. 준의 나에 대한 질투심도 이와 같은 것. 지구인들에게 질투심은 매우 강렬한 감정. 심지어 배가 고픈 건 참아도, 남이 부러워 배가 아픈 건 못 참는다고 함. 만약 지구에 도착한 아우린들이 지구인들의 질투를 자극할 만한 조건을 갖추고 있다면, 지구인들의 이성을 모두 마비시킬 수 있을지도 모름.
- 잘나가는 사람에 대한 질투는 그가 실패하는 순간 쾌감으로 바뀜. 이러한 감정을 한국어로는 '쌤통', 독일어로는 '샤덴프로이데'라고 부름. 이렇게 지구인들은 남의 불행을 은밀하게 바라고 있음. 아주 고약한 성격!

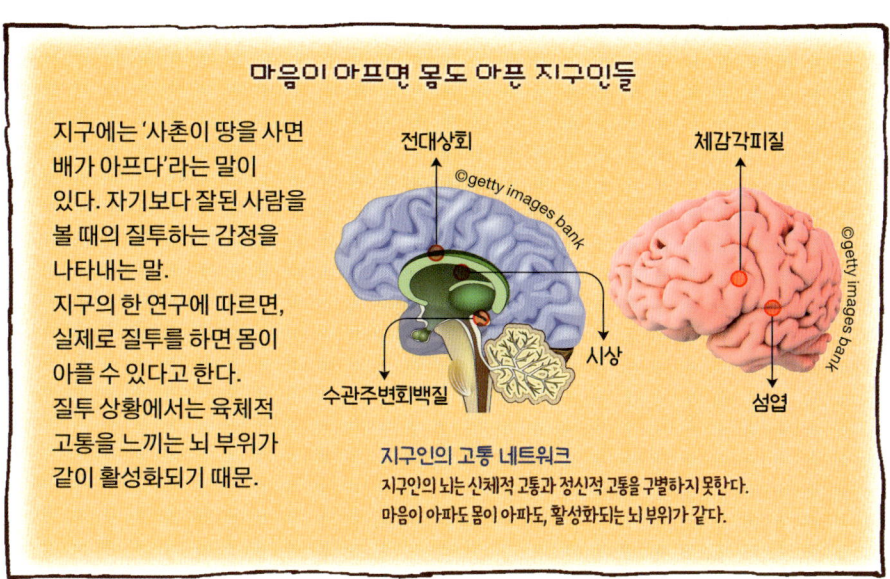

지구인들의 판단에는 감정이 작용한다

- 지구인들의 이성이 마비되었을 때는 특히 조심해야 함. 이성적인 판단의 순간에도 감정이 작동하기 때문에, 이성이 마비된 지구인의 위험도는 알 수 없음. 사고로 쇠 파이프가 머리를 관통한 어떤 남자가 사고 직후 인지 기능이 정상임에도 불구하고, 난폭하고 충동적이며 사회적 규범에 벗어나는 행동을 한 사건이 있었음. 그가 다친 부위는 지구인들의 의사 결정에 중요한 역할을 하는 복내측 전전두피질.
- 전전두피질은 감정을 기반으로 해당 사건이 좋은 일인지, 나쁜 일인지에 대한 결정을 내림. 기분이 좋았으면 또 하고, 기분이 나빴으면 그만둠. 전전두피질이 손상되자 감정과 사건을 연결할 수 없게 된 그는 판단 능력을 잃어버리고 만 것임.
- 지구인들은 감정을 느끼지 못하는 사람을 '사이코패스'라고 부름. 어떤 사이코패스들은 상대방의 감정에 공감하지 못해 살인을 저지르기도 함. 이들은 감정을 지배하는 전두엽 기능이 일반인의 15%밖에 되지 않고, 공격적 성향을 억제하는 분비물인 세로토닌이 부족해 쉽게 화를 낸다는 연구 결과가 있음. 만약 감정이 없는 지구인을 만난다면 일단 도망칠 것. 지구인들은 감정이 있어도, 감정이 없어도 위험한 존재임.

지구인들의 다 들리는 혼잣말

- 지구인들은 가끔 혼자서 중얼거림. 혼자서 중얼거리는 것 같은데 다 들림. 지구인들끼리는 같은 지구인의 혼잣말을 듣지 못하는 것 같음. 가끔 혼잣말을 조금 크게 말해서, 다른 지구인이 들을 수 있도록 하는 지구인도 있음. 말을 하든지 말든지, 왜 이렇게 애매한 태도를 취하는지 알 수 없음.
- 지구인의 청력은 지구의 생물들 중 범위가 좁은 편임. 그래서 들을 수 있는 소리의 영역이 좁은 것. 진동수를 지구 언어로 Hz(헤르츠)라는 단위로 측정하는데, 지구인은 낮은 소리는 20Hz부터 높은 소리는 20,000Hz까지 들을 수 있음.
- 지구의 다른 생명체들과 비교하면, 지구인들은 청력이 좋지 않은 편. 그래서 교실에서 다 같이 얘기할 수 있는 것으로 보임. 자신이 듣고 싶은 것만 듣는 능력이 있는 듯. 지구에서 사용할 통신 장비는 초저주파나 초음파 사용을 권장함.

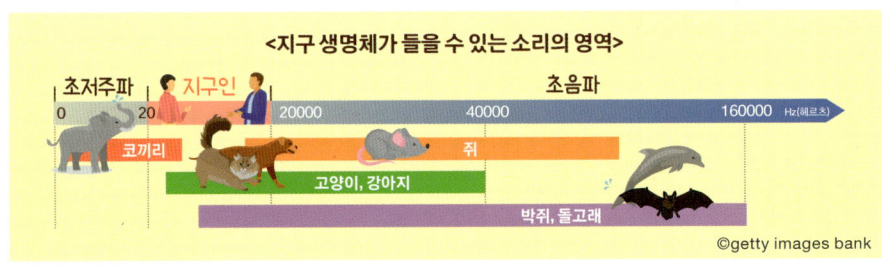

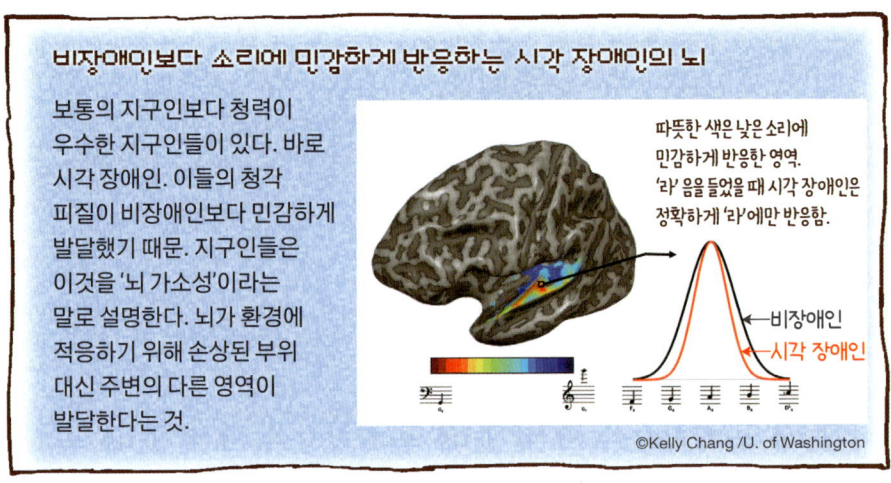

2

수련회에서
생긴 일

걱정이 걱정인 지구인들

'48시간 동안 어린 지구인들과 함께 지내기.'

하루 6시간도 끔찍한데 무려 48시간이나 어린 지구인들과 함께 있으라고? 답답한 지구인 슈트를 입은 채 두 번의 밤을 보내고, 좋아하지도 않는 지구인 음식을 여섯 번이나 먹으며?

"내 정신적, 신체적 안전을 위해 이 끔찍한 임무는 거부하겠다."

아싸는 딱 잘라 말했다.

"정체를 들킬 위험이 크니 안 가는 게 좋겠다."

아우레 탐사대는 아싸의 의견을 받아들였다. 지구인 탐구 임무보다 중요한 것은 탐사대의 안전이니까.

써니는 아싸가 수련회에 안 간다는 소식을 듣자마자 찾아왔다.

"너 왜 안 가? 아프지도 않잖아. 같이 가자. 응?"

"이유를 설명할 이유는 없다."

아싸가 딱 잘라 말했지만 써니는 포기하지 않았다. 끈질기게 설득했다.

"같이 가자. 엄청 재미있을 거야. 네가 있어야 우리 반이 퀴즈 대회에서 1등을 하지. 수련회에 안 가는 초등학생이 어디 있냐?"

"싫다. 재미없다. 1등 하든 못 하든 관심없다."

아무리 설득해도 아싸가 마음을 바꾸지 않자 써니는 실망해서 말했다.

"너 진짜 이상하다. 다른 애들이 좋아하는 건 왜 다 싫어해? 너, 외계인이야?"

순간 아우레 탐사대의 표정이 얼어붙었다.

아싸는 지구인 증명을 위해 이 끔찍한 임무를 받아들이기로 했다.

지구인들은 왜 다른 사람들과 함께 자고, 함께 먹고, 함께 학습하려고 할까? 심지어 배설을 하러 갈 때도 우르르 몰려다니고……. 아싸는 개인차를 무시하는 비효율적이고 불편한 지구인의 습성을 이해할 수 없었다. 하지만 왜 '수련회에 안 가면 외계인'이라고 했는지는 곧 이해했다.

아이들은 수련회 날까지 매일매일 그 이야기만 했다. 교실 분위기는 기대감과 흥분으로 둥실 떠 있었다.

그런데 아이들은 기대만큼 걱정도 많았다. 아싸는 지구인들이 왜 이렇게 쓸데없는 걱정으로 시간을 낭비하는지 이해할 수 없었다.

아싸는 간단한 방법으로 아이들의 걱정을 깨끗하게 해결해 주었다.

그러나 아이들은 조금도 안심하지 않았다. 오히려 아싸를 싸늘하게 노려보며 고개를 저었다. 준은 버럭 화까지 냈다.

지구인은 걱정을 좋아하는 게 틀림없다. 걱정을 못할까 봐 걱정을 한다.

　끔찍한 임무 수행의 날, 라후드와 바바는 괴로워하는 아싸를 격려하기 위해 학교까지 배웅했다. 학교 앞에는 아이들을 배웅하는 어른 보호자들이 많았다. 그들은 아이들이 떠난 뒤에도 서성이며 걱정을 멈추지 않았다.

'존재하지도 않는 뱀파이어를 놓고 왜 이런 말을……. 마늘에 아우린의 이성과 지능을 마비시키는 기능이 있나? 나중에 연구해 봐야겠다.'

학교생활도 아싸에게 맞지 않았지만 수련회는 훨씬 더 끔찍했다. 독한 마늘 목걸이는 지구인 슈트 속 피부까지 쓰리게 만들었다.

하지만 아싸는 피부를 살펴볼 새도 없이, 넓은 숲속에 숨겨 놓은 종이쪽지를 찾으러 다니고,

평평한 길을 놔두고 일부러 밧줄에 매달려 다니고,

돌아가면 되는 물웅덩이를 뛰어넘어야 했다.
그러다 결국 진흙탕에 넘어져…….

숲에 숨겨진 종이쪽지를 찾는 동안에도, 저녁을 먹는 동안에도 아싸는 혼자 있을 곳만 생각했다. 어디든 들어가서 지구인 슈트를 훌훌 벗고 피부를 살펴보아야 했다. 더는 미룰 수가 없었다.

'일단 물로 씻기라도 해야 한다. 괴사가 일어나면, 지구에서 치료를 못 할 수도 있다.'

하지만 잠시도 아이들과 떨어질 수 없었다. 방도 여럿이, 식당도 단체로, 놀이도 모두 함께. 여기 모인 지구인들은 개인이라는 개념을 조금도 모르는 존재들이었다.

아싸는 아이들의 눈치를 보며 빠져나갈 틈을 찾았다. 모두가 게임에 푹 빠져 있을 때 아싸는 슬그머니 자리에서 일어났다.

"난 화장실 좀……."

아싸는 화장실 대신 샤워실로 갔다. 예상대로 아무도 없었다. 지구인 슈트를 벗자 피부가 퍼렇게 부어올라 있었다.

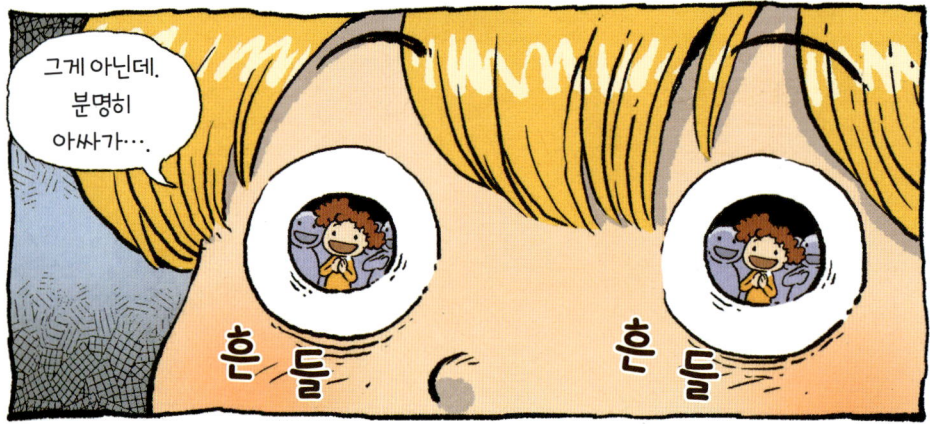

보고서 14
지구인들은 극복하기 위해 걱정을 만든다

🌍 2019년 7월 12일 🪂 아우레 7385년 22월 16일 작성자: 아싸

지구 사건 개요

* 아우린임을 들키지 않기 위해 엄청난 도전을 감행함. 지구인 초등학생과 함께 48시간을 함께 지내는 것. 지구인 슈트를 48시간 동안 벗을 수 없는 끔찍한 임무를 수행해야 했음.
* 정체를 들키지 않기 위한 도전이었으나, 지구의 마늘 때문에 더 위험한 상황에 맞닥뜨림. 지구인들은 눈에 보이지 않는 것을 피하기 위해 과학적이지 않은 방법을 사용함. 지구의 마늘이라는 물질은 아우린의 피부에 엄청난 위협이 되었음.
* 수련회에 가지 않아서 받을 의심보다 함께 생활하며 겪을 위험이 큰 것으로 판단됨. 지구인들과 함께 생활해야 할 때는 특히 조심해야 함.

지구인들은 걱정이 없으면 살 수 없다

- 지구인들의 수련회는 매우 이상한 모임. 쓸데없이 줄에 매달려 강을 건너고 뻔히 보이는 쪽지를 찾아 온 산을 헤매며, 진흙탕 속에 얼굴을 처박음. 도대체 무엇을 수련 했는지 알 수 없음. 수련회에 가기 전 지구인들의 대화를 보면, 걱정을 수련하는 것으로 보임. 지구인들은 걱정을 매우 많이 함.
- 심지어 지구인들의 조사 결과에서는 "쓸데없이 걱정을 너무 많이 한 것"을 후회한다고도 함. 그러면서도 걱정을 함. 고작 80년도 채 되지 않는 인생을 대비하기 위해 걱정을 하는 것임. 아우린들처럼 수천 년을 살라고 하면, 미래가 두려워서 하루 종일 걱정만 할 것 같음. 걱정은 불안과 공포를 일으켜 지구인을 괴롭게 함.
- 지구인에게 불안, 두려움, 공포는 생존에 꼭 필요한 감정. 이 감정을 기반으로 대책을 세우려는 인지 과정인 걱정도 마찬가지. 지구인의 걱정은 생존을 위한 것이지만, 그

지구인의 뇌에서 걱정을 제거하면?

지구인 뇌의 '편도체'는 불안과 공포를 조절하는 부위이다. 지구인들은 이것을 증명하기 위해 동물을 대상으로 여러 가지 실험을 했다. 그중 하나가 편도체 기능과 공포 반응의 상관관계를 연구한 실험.
지구인 과학자들이 편도체를 제거한 원숭이에게 장난감 뱀을 던지자, 편도체가 없는 원숭이는 지구인들의 표현대로라면 '겁을 상실한' 상태가 되어, 자신들을 해칠 수도 있는 뱀을 가지고 놀았다고 한다.
만약 이 뱀이 살아 있었다면? 이 원숭이는 아마 죽었을 것.

래도 지나치게 걱정을 많이 함. 걱정이 너무 많은 게 걱정인 지구인도 있음. 지구인의 감정은 연구할수록 어이가 없음.
- 학교에서 아이들의 걱정을 관찰해 봄. 지구 어린이들 역시 다양한 걱정을 하고 있음. 유형별로 나눌 수 있고, 심지어 통계청에서 조사도 해 놓음. 지구인들은 진짜 걱정도 많고, 궁금한 것도 많음.

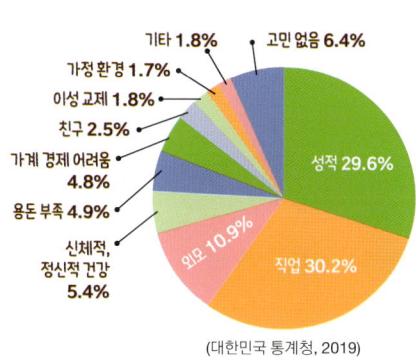

(대한민국 통계청, 2019)

웃음, 지구인의 불안 치료제

- 불안한 지구인들을 안정시켜 주는 치료제가 있음. 바로 웃음. 심지어 억지로 웃을 때도 진짜 웃음이 주는 긍정적인 효과의 90퍼센트를 경험한다고 함. 지구인의 뇌가 가짜 웃음과 진짜 웃음을 구별하지 못하기 때문.
- 웃음의 효과는 매우 놀라움. 혈액 순환을 원활하게 해 심장병에 좋고, 혈압과 스트레스를 낮춤. 면역력을 높여 주고, 잠을 잘 자게 해 줌. 웃을 때 지구인의 뇌는 엔도르핀이라는 자연 진통 호르몬을 분비함. 엔도르핀은 기분을 좋게 하고 통증을 완화함. 이렇게 좋은데도 불구하고, 지구인들은 그다지 자주 웃지 않음.

무섭다며 찾아 보는 지구의 공포 영화

- 지구인들은 귀신이나 유령, 좀비, 저승사자 등 확인되지 않은 존재를 두려워함. 그러나 이런 존재들이 등장하는 만화나 영화 등을 일부러 찾아서 봄. 특히 날씨가 더울 때는 이런 소재를 더 많이 찾음. 오싹한 기분을 느껴 더위 해소에 좋다고 함.
- 지구인이 느끼는 오싹함은 뇌가 작용해서임. 무서운 장면이나 소리로 인한 자극이 뇌로 전달되어 심장 박동을 빠르게 해 땀을 흘리게 하고, 땀이 식을 때 체온을 빼앗기는 것임. 공포 영화를 볼 때의 오싹함은 기분이 아니라, 실제로 느끼는 체험.
- 지구인들은 영화나 이야기 속의 무서운 존재가 실제로 자신을 괴롭히지 못한다는 걸 알고 있음. 놀이동산의 롤러코스터, 폐가에서의 공포 체험도 마찬가지임. 몇 분 뒤에 끝날 거라는 것, 무서우면 다시 안 타면 된다는 것을 알고 있는 상태에서 겪는 괴로움, 즉 '통제 가능한 괴로움'은 지구인들에게 더 큰 안정감을 주기도 함.
- 아우레가 지구 탈취를 결정한다면, 접근 방법으로 영화를 고려해 볼 만함. 실제로 지구에는 외계인을 소재로 한 영화가 많음. 물론 아우린이 등장하지는 않음.

3

아우린 본부 감전 사고

별걸 다 참견하는 지구인들

한바탕 축축한 바람이 불더니 대낮인데도 하늘이 컴컴해졌다.

"미생물과 곰팡이가 퍼지기에 딱 좋은 날씨군."

바바는 아직 변덕스러운 지구 날씨에 적응하지 못했다. 아우레는 지구보다 건조하고 황량했지만 한결같았고, 안전했다. 도시를 둘러싼 강력한 보호막 덕분이었다.

'탐사대의 안전이 가장 중요하다.'

바바는 아싸의 안전을 위협하는 피부병 약을 구하러 나섰다.

"뭔 난리가 일어날 것 같은 날씨네."

줍줍할매는 볼일을 보러 나가려다 집 앞에서 바바와 마주쳤다.

"어디 가나 봐요. 우산 챙겼어요?"

"아니요."

"깜빡하셨나 보네. 이거 가져가요."

줍줍은 우산을 내밀었다. 아우린은 정당한 이유 없이 다른 사람의 물건을 가져가지 않는다.

"아닙니다."

"아이고, 그냥 가져가요. 나는 들어가는 길이니까. 우리 나이에 비 잘못 맞으면 감기 걸려요. 그럼 금방 폐렴이 되고, 입원하면 자식들도 고생이고……."

비를 맞든 고생을 하든 줍줍할매가 참견할 일이 아니었다. 하지만 바바는 냉큼 우산을 받았다.

> 금방 쏟아지겠네. 다시 우산 챙겨서 나와야지.

아싸는 수련회에서 돌아오는 길에 비까지 만나 흠뻑 젖었다.

본부로 들어오자마자 아싸는 지구인 슈트를 벗어 던졌다. 마늘이 닿은 쪽 피부가 퍼렇고 우툴두툴하게 변했다.

"이렇게 끔찍한 고통은 처음이다."

아싸는 지구의 약을 신뢰하지 않았지만 너무 아파서 어쩔 수 없었다. 상처가 다 덮이도록 약을 듬뿍 발랐다. 그래도 강렬한 고통은 가시지 않았다.

"지구의 약이 효과가 있을까?"

아우레 행성에서 고통은 매우 특수한 일이었다. 뛰어난 의학 기술 덕분에 웬만한 상처나 병은 아픔을 느끼기도 전에 치료했다. 정체를 알 수 없는 외계 바이러스에 감염되거나 스스로 원하지 않는 한 죽지 않았다.

하지만 여기는 지구. 이제 아우레 탐사대도 다치거나 병들면 고통을 겪어야 한다. 어쩌면 죽음도……

　날씨는 점점 더 험악해졌다. 번쩍! 번쩍! 쿠구쿠구궁! 지구의 보호막이라는 대기권은 참으로 요란스러웠다. 먼 곳에서부터 천둥과 번개가 내리치는 것이 보였다.

　라후드는 폴짝 뛰어나가 현관문을 열었다. 세차게 떨어진 빗방울이 집 안으로 튀어 들어왔다.

　"번개가 사람이랑 건물이랑 나무 위로 그냥 막 떨어지는 거지? 맞으면 어떡해? 지구인들은 정말 용감하구나. 혹시 지구인들의 평균 수명이 짧은 것은 번개 때문일까?"

드드드드드드. 갑자기 고주파 신호가 울려 퍼졌다.

"통신이다. 아우레에서 통신이 왔다."

바바는 벌떡 일어나 2층으로 올라갔다.

"정말? 어서 가 보자!"

라후드와 탐사대원들은 우르르 계단을 뛰어 올라갔다.

번쩍번쩍, 아우레에서 온 첫 번째 통신을 축하하는 듯 번개가 잇따라 내리쳤다.

"번개가 너무 가까운 곳에 떨어진다. 위험……."

아싸의 말이 끝나기도 전에 번개가 아우린 본부로 내리쳤다. 순식간에 집 안이 깜깜해졌다.

"통신 장치가 끊기다니? 그럼 아우레 행성에서 오던 전파는?"

어둠 속에서 라후드가 다급히 외쳤다.

"번개가 우리 통신 전파를 따라 들어온 것 같다. 이 정도 에너지라면 장비가 모두 불타 버렸을 것이다."

바바가 전문가다운 말투로 침착하게 말했다.

"당장 못 고칠 정도인가?"

"그건 지금부터 해 봐야지."

 "무슨 일은 이 집에 있지. 번개지? 진짜 번개 맞았지? 그래서 정전된 거지? 세상에나!"

 줌줌할매가 호들갑을 떨었다. 지구 보호막 아래에서 만들어지는 번개는 대수롭지 않을 텐데, 왜? 오로라는 지구인처럼 태연하게 말했다.

 "맞아요. 번개가 뭐 대단한 거라고."

 "오로라는 정말 대인배네요. 나는 무서워서 혼났어. 칠십 평생 살면서 번개 맞은 집은 처음 봤거든."

 아우린들은 당황했다. 지구인들이 비처럼 번개도 당연하게 생각하는 줄 알았는데 아닌가? 그나저나 번개가 무섭다면서 줌줌할매는 왜 번개 맞은 아우린 본부에서 나가지 않지?

줍줍할매는 나가지 않는 것뿐만 아니라, 아우린 본부의 곳곳을 살피며 더 속속들이 참견을 했다.

"아이고, 냉장고가 고장 났네. 근데 왜 이렇게 텅 비었어? 뭐 먹고 사는 거요? 밥솥도 고장 났나 보네. 당장 오늘 저녁은 어떻게 드실라우? 텔레비전도 고장이겠지? 라후드 씨 드라마 좋아하는데 어쩌나."

"우리가 알아서 할게요."

바바와 오로라는 줍줍할매를 내보내려고 애썼다. 하지만 줍줍할매는 이것저것 신나게 참견하고 다녔다.

"아이고, 아싸 할아버지. 부담 갖지 말아요. 내가 받은 것도 있고 하니 도와주고 싶어서 그래요."

곧 금 사장과 위니 원장이 뛰어 들어왔다. 유니까지 쫓아와 사진을 찍어 대며 법석을 떨었다.

"여기 사진 좀 인터넷에 올려도 되죠? 내 친구들이 번개 맞은 집이 궁금하대요. 근데 불이 붙거나 숯덩이가 된 건 없어요? 그런 게 있어야 인기를 끄는데……."

유니는 별다른 변화가 없어 보이는 거실을 휘휘 둘러보더니 대뜸 계단 위로 올라갔다.

"아, 2층 피해가 더 크겠구나! 2층 좀 올라가 봐도 되죠?"

아우린 본부의 1층은 평범한 지구인들의 거실. 하지만 2층에는 아우레 행성과 연결하는 통신 기지가 있다. 들키는 날에는…….

아우린들은 동시에 외쳤다.

그 소리에 놀란 지구인들도 꽥 소리를 질렀다.

"아유, 깜짝이야."

"2층에 뭐, 이상한 거 있어요?"

순간 아우린들은 말문이 막혔다. 2층에 뭐가 있는지 알려 줄 수도, 보여 줄 수도 없었다.

다음 날 아침, 아우린 본부 앞은 지구인들로 북적거렸다. 어떻게 알았는지 번개 맞은 집을 구경하러 몰려들었다.

구경꾼들은 집 안을 힐끔거리며 쑥덕거렸다.

땡동! 지구인들은 벨까지 울리며 방해했다. 라후드는 벌떡 일어났다.

"지구인들의 방해는 내가 막는다. 싹 쫓아 버리겠어!"

라후드는 새로운 임무를 완수하러 씩씩하게 나갔다. 하지만 벨을 누른 사람을 보고 그만 마음이 흔들렸다.

"라후드 씨, 어젯밤에 집에 번개가 떨어졌다면서요? 걱정돼서 와 봤어요. 괜찮으세요?"

화장지 한 무더기를 든 편의점 루이가 미소를 지었다.

"이거 받으세요. 처음 방문하는 거니까 뭐라도 드리고 싶어서요. 제가 도울 일은 없어요?"

루이도 아우린의 일을 방해하러 왔다. 라후드는 잠시 망설였지만 결국 지구인의 참견을 거절했다.

"필요 없다. 우리 일은 우리가 알아서 한다."

라후드는 대문을 쾅 닫고 돌아섰다. 임무를 완수했지만 조금도 뿌듯하지 않았다.

지구인들은 생존을 위해 돕는다

🌍 2019년 7월 15일   아우레 7385년 22월 31일   작성자: 바바

지구 사건 개요

* 아우레의 통신이 처음으로 지구에 도달함. 하지만 지구의 번개가 아우레 전파와 함께 도착하며, 기지의 모든 전자 제품이 고장 남. 아우레에서 온 통신 내용을 확인할 방법이 없음.
* 기지 수리가 시급한 상태이나, 또다시 이웃집 줍줍할매의 참견이 시작됨. 이번에는 줍줍할매뿐만 아니라 수많은 지구인이 번개 맞은 아우레 기지에 몰려듦.
* 금 사장네 식구들은 걱정이 되어 왔다고 했으나, 지구인들의 반응으로 봤을 때 걱정보다는 호기심이 더 큰 감정으로 보임.

지구인들은 서로 도와야 살 수 있다

- 지구인들은 남의 일에 간섭하고 참견함. 도와 달라고 요청하지 않아도 기다렸다는 듯이 돕기 위해 나타남. 아우린에게는 매우 귀찮은 일. 특히 줍줍할매의 참견이 심함.
- 지구인들은 이러한 마음을 '이타심'으로 설명함. 이타심이란 자신의 이익보다 다른 사람의 이익을 더 꾀하는 마음. 지구인들은 진화의 과정에서 이타심을 발휘해 서로 협력하는 것이 생존에 유리하다는 것을 알게 되었음. 그래서 지구인들은 무리에서 쫓겨나지 않기 위해, 자신이 이타적인 사람임을 증명하려고 함.
- 지구인의 이타심은 다른 사람이 쳐다볼 때 더 잘 발휘됨. 같은 상황이라도 누가 쳐다보는 것 같으면 더 잘 도와줌. 비록 가짜일지라도 사람의 눈 모양이 있으면 마치 누군가가 자신을 쳐다보는 거라고 생각하는 듯. 그럼 보는 눈이 없으면? 상상에 맡기겠음.

지구인이 번개를 맞으면?

- 지구인이 일생 동안 번개를 맞을 확률은 60만분의 1. 로또에 당첨될 확률보다 훨씬 더 높음. 미국에서는 매년 500명의 지구인이 번개를 맞는다고 함.
- 번개의 전기량은 약 10억 볼트에 달하며, 번개가 지나간 곳의 온도는 2만 7000℃까지 달아오름. 지구가 있는 태양계의 유일한 별인 태양의 표면보다 네 배는 더 뜨거운 온도. 아우레에서 가져온 최첨단 기기가 고장 난 것만 봐도 번개는 어마어마한 에너지 방출 현상.
- 지구인이 번개를 맞으면 뇌가 손상돼 버림. 그러나 정말 운 좋은 어떤 지구인은 원래 의사였는데, 번개를 맞은 뒤 머릿속에 떠오르는 멜로디를 기록해 클래식 작곡가로 직업을 바꿈. 지구의 과학자들은 이 현상에 대해 아마도 번개가 뇌 속의 뉴런을 재배치한 것 같다고 추측함. 원래 접근 불가능했던 영역에 번개가 길을 낸 것.
- 그러나 모든 번개가 천재를 만드는 것은 절대 아님. 이런 경우는 아우레 행성의 비보호 지역에서 우산을 쓰지 않고도 우주 물질 소나기를 맞지 않을 확률과 같음.(아주 아주아주 낮음. 거의 일어나지 않음.) 게다가 가장 멍청한 아우린도 보통의 지구인보다 똑똑하니, 절대로 자신의 뇌 기능 향상을 위해 번개를 쫓아다니지는 말 것.

우주선이 번개를 맞으면?

지구의 번개는 매우 위력적이다. 만약 하늘 높이 떠다니는 비행기나 우주선이 번개를 맞으면 어떻게 될까? 실제로 지구의 비행기들은 가끔 번개를 맞지만, 전기가 비행기를 통과해 지나가 큰 문제는 없다고 한다. 우주선도 마찬가지. 2019년 5월에는 러시아에서 발사된 소유스 2-1b호 로켓이 발사 순간 번개를 맞았는데도 아무 이상 없이 임무를 성공적으로 끝냈다. 지구의 비행 장치에는 다행히 번개의 피해를 막을 수 있는 장치가 있다. 아우레의 우주선이라면 당연히 이 정도 대비는 하고 있을 것으로 보임!

이렇게 생긴 지구의 우주선일 것임.

← 우주선

©NASA, Bill Ingalls/Wikimedia Commons
©Dmitry Rogozin/Twitter

딱 하나만 달라!

4개의 그림 중 3개는 모두 같고 1개만 다르다!
집중해서 다른 그림 1개를 찾아 보자.

4
줍줍할매의 보물 창고

지구인의 공감 방법

　라후드는 낯선 행성 지구에서 다른 탐사대원들보다 더 활약하고 싶었다. 하지만 현실은 망가진 통신 문제를 해결하느라 바쁜 탐사대원들을 물끄러미 바라보는 신세······.
　임무 수행 중인 탐사대원들을 한참 동안 구경하던 라후드는 드디어 깨달았다. 과학자는 과학자의 일을 하고 탐험가는 탐험

가의 일을 하는 거지. 라후드는 자신의 임무에 필요한 장비를 오로라에게 요청했다.

"오로라, 텔레비전 사 줘. 드라마 보며 지구인을 탐구하게."

"안 돼. 부품 살 돈도 모자라."

오로라는 딱 잘라 거절했다.

"바바, 텔레비전 고쳐 줘."

"안 돼. 통신 장비가 먼저야."

탐사대원들은 각자 자신의 임무에 충실했다. 라후드도 임무에 충실하려 했다.

"내가 드라마 보고 싶어서 이러는 줄 알아? 지구인 탐구를 위해서다. 통신만 고치면 뭐 해? 보고서가 있어야지."

바쁜 대원들은 라후드의 말에 대꾸도 하지 않았다. 라후드는 지구인을 직접 만나 탐구하기 위해 터덜터덜 밖으로 나갔다.

오로라가 홱 돌아보며 경고했다.

"추적자들을 조심하라."

"밖에 나가기만 하면 추적자들을 마주칠까 봐?"

라후드는 투덜거리며 대문 밖으로 나왔다.

어디로 갈까 주위를 둘러보는데 마침 줍줍할매가 보였다. 아우린 본부에서 라후드와 함께 드라마 보기를 좋아하는 줍줍할매. 그렇다면 라후드가 놀러 가서 같이 드라마를 보는 것도 가능하지 않을까? 라후드는 줍줍할매를 반갑게 불렀다.

"할머니."

"와, 아저씨는 엄청 쿨한가 봐요. 암튼 할머니는 아저씨한테 너무 섭섭해서 일부러 못 본 척하는 거예요. 할머니가 돕고 싶어 했는데 거절하고 막 쫓아냈다면서요? 너무하셨다."

라후드는 써니의 말을 알아듣긴 했지만, 그 뜻을 이해할 순 없었다.

높은 이성으로 최적의 판단을 하는 아우린들은 공동체를 유지하는 특수한 임무가 아니라면 남의 일을 지원하거나 간섭하지 않았다. 상대방에게 기대를 하고 이루어지지 않았다며 섭섭해하는 일은 더더욱 없었다. 그러니 섭섭함을 표시하는 삐치는 행동 같은 것이 있을 리가. 하지만 여기는 지구. 라후드는 현재 지구인처럼 보여야 한다.

"그럼 어떡하지?"

　라후드는 지구인 써니에게 도움을 구했다.

"걱정 말아요. 우리 할머니는 잘 삐치지만 또 잘 풀리기도 하거든요. 같이 보물찾기 한 번만 해 주면 돼요."

　써니는 손수레를 내밀었다. 라후드는 손수레를 받아 들고 줍줍할매를 쫓아갔다.

"아직도 그걸 못 고쳤어? 왜, 잘 고친다면서. 도움은 필요 없다며. 알아서 잘한다더니……. 아이고, 딱해라. 텔레비전도 없이 심심해서 어떻게 살아. 걱정이네, 걱정이야. 쯧쯧쯧……."

혀를 차며 걱정하는 줍줍할매의 얼굴에 미소가 번졌다. 역시 지구인들은 걱정을 매우 좋아한다.

"됐네, 됐어. 일단 나 좀 따라와요. 먼저 보물 좀 찾고……."

줍줍할매는 활짝 웃으며 앞장을 섰다. 손수레를 끌고 찬찬히 동네를 산책하며 버려진 보물들을 찾는 것이 줍줍할매의 취미였다.

"이게 할머니의 보물이에요?"

"이것뿐인 줄 알아? 내 보물이 얼마나 많은데."

줍줍할매는 공원의 구석진 곳에 고양이 사료와 물그릇을 내려놓았다.

한참 만에 집에 돌아온 줍줍할매는 라후드에게 보물 창고를 보여 주었다.

텔레비전, 냉장고, 선풍기, 컴퓨터, 책상, 유모차, 인형, 도자기 그릇, 정체를 알 수 없는 기계들까지 다양한 물건들이 한가득이었다. 하지만 라후드의 눈에 들어온 건 오직 텔레비전뿐이었다.

엄청나게 큰 텔레비전. 드라마가 빵빵하게 나오는 텔레비전. 지구인 탐구 임무를 확실하게 할 수 있는 텔레비전!

라후드는 텔레비전만 뚫어져라 쳐다보았다.

텔레비전을 공짜로 주겠다고? 이렇게 크고 좋은데?

라후드는 깜짝 놀랐다. 아우린은 특별한 이유 없이 남에게 물건을 주지도, 받지도 않는다.

"텔레비전을 왜 줘요?"

"큰일을 당했으니 안돼서 그러지. 이웃끼리 도와야 라후드 씨도 금방 힘을 내지."

 텔레비전을 받는 대가로 힘을 내라고? 그게 줌줌할매에게 어떤 이득이 될까? 라후드는 짐작도 할 수 없었지만 텔레비전이 몹시 탐이 나서 받기로 했다. 심지어 줌줌할매의 텔레비전은 원래 집에 있던 것보다 더 컸다!

 라후드는 펄쩍펄쩍 본부로 달려갔다.

 "줌줌할매가 엄청 큰 텔레비전을 공짜로 줬어. 같이 옮기자."

 "왜?"

 탐사대원들도 줌줌할매의 의도가 궁금했다.

 "우릴 도와주는 거지. 지구인들은 원래 번개 맞은 이웃을 도와준대. 우리는 도움의 대가로 힘을 내면 된대."

 아우린들은 라후드의 설명을 듣고도 줌줌할매를 이해할 수 없었다.

보고서 16
지구인은 돌보는 것을 좋아한다

🌍 2019년 7월 19일 🍄 아우레 7385년 22월 51일 작성자: 라후드

지구 사건 개요

* 탐사대 전원이 피해 복구에 매달려 있음. 통신 장비를 수리하는 것도 필요하지만, 나 라후드에게는 텔레비전의 수리가 시급함.
* 줍줍할매의 집에서 함께 텔레비전을 보고 싶었지만, 아우린이 내쫓았던 것에 삐친 줍줍은 나를 못 본 척함. 써니의 도움으로 줍줍이 아우린에게 서운해서 삐쳤다는 것을 알게 됨.
* 줍줍할매는 공원의 버려진 동물들을 돌보고, 거리의 버려진 물건들을 가져와 모음. 그러나 꼭 필요해서 모으는 것은 아님. 덕분에 탐사대에게 아주 큰 텔레비전을 공짜로 주었음.
* 텔레비전이 생겨서 정말 다행. 지구인 탐구 임무에 꼭 필요했음. 드라마를 보는 건 매우 중요한 임무임.

지구인들은 다른 사람의 기분에 공감한다

- 지구인들은 다른 사람들에게 정말 영향을 많이 받음. 감정도 마찬가지. 드라마 속 주인공이 울면 따라 울고, 나쁜 짓을 하면 같이 흥분함. 이것을 공감 능력이라고 함.
- 지구인의 뇌에는 이러한 공감 능력을 가능하게 하는 '거울 신경(mirror neuron)'이 있음. 이 신경은 지구인이 다른 사람의 행동을 보는 것만으로도, 같은 행동을 한다고 생각하게 함. 보는 것과 직접 하는 것도 구분하지 못한다는 말인 듯. 그러나 지구인들은 이렇게 공감하는 것을 인간의 뛰어난 능력이라고 말함. 지구에서 살아가기 위해서는 남을 이해하는 것이 중요하기 때문인 듯.
- 지구인의 거울 신경은 학습도 가능하게 함. 다른 사람의 행동을 보며 뇌에서 반복 학습하여, 나중에 같은 행동을 할 수 있게 됨. 지구인이 자연스럽게 언어를 배우는 것도 거울 신경 덕분임.

지구 생명체가 가진 거울 신경의 역할

원숭이가 혓바닥을 내미는 사람의 동작을 따라 하는 것이나, 아기가 엄마의 입 모양을 따라 입을 벌리는 것은 모두 거울 신경의 도움이다.

©Gross L/ Wikimedia Commons
©getty images bank

지구인이 동물을 돌보는 이유

- 다수의 지구인들은 집 안에서나 집 밖에서 동물들에게 밥을 주고, 배변을 치우고, 동물의 즐거움을 위해 몸을 아끼지 않고 놀아 줌. 줍줍할매처럼 거리의 동물들에게 밥을 챙겨 주는 지구인들도 많음.
- 2018년 통계에 따르면 한국에서는 전체 가구의 약 25%인 511만 가구가 반려동물을 기름. 미국에서는 반려동물을 키우는 가구가 68%임. 국가를 가리지 않고 개를 기르는 집이 가장 많은 것으로 보아 지구인들이 가장 좋아하는 동물은 개로 추정됨.
- 반려동물을 기르는 지구인들을 보면 항상 즐거운 건 아닌 것 같음. 사료 살 돈을 벌기 위해 밤낮없이 일을 하고, 배변을 치울 때는 조금 인상을 쓰기도 하며, 반려견이 흥분했을 때는 손도 대지 못함. 그럼에도 반려동물의 '집사'를 자처하며 함께 지내려고 함.
- 지구인들은 반려동물과 시간을 보낼 때 '옥시토신'이라는 호르몬이 분비되어, 스트레스가 해소된다고 함. 이 호르몬은 반려동물을 바라보고 쓰다듬는 것만으로 분비된다는 사실. 그래서 이웃집 유니와 쎄니가 바바 개를 보기 위해 시도 때도 없이 찾아오는 것이 분명함.(지구 어린이의 관심을 끌고 싶지 않다면, 절대 개로 변신하지 말 것.)

같이 가자고~

지구인이 반려동물과 함께 사는 이유

지구인에게 물어보면, 반려동물을 키우는 이유가 이렇게나 많다. 특히 지구인들은 반려동물을 친구나 가족으로 생각한다는 대답이 대다수. 지구의 가족 구성원에 반려동물을 추가해야 할 정도임.

- 63.8% 또 하나의 친구/가족이 생긴 것 같다
- 43.6% 웃을 일이 많아졌다
- 35.6% 외로움을 달래준다
- 32.1% 가족 분위기가 활기차졌다
- 27.6% 본인/가족에게 책임감을 가질 수 있게 해준 것 같다
- 26.8% 본인/가족 구성원의 성격이 온화해진 것 같다
- 22.1% 아이들의 정서 함양에 좋은 것 같다

(EMBRAIN, 2016 반려동물 인식 조사)

후속 탐사대에게 | 지구인들은 선물을 좋아한다

- 지구인들은 꼭 필요해 보이지 않는 다양한 일들에 신경을 씀. 반려동물을 키우는 것도 생존과 별개로 정서적인 안정을 위한 것임. 지구의 독특한 문화 중 하나는 선물. 줍줍할매가 탐사대에게 준 텔레비전이 바로 선물임.

- 지구인에게 선물은 마음을 전달하는 수단. 줍줍할매가 아우린 기지를 방문하며 들고 오는 지구의 음식들 역시 선물임. 보통은 특별한 기념일에 선물을 주고받음. 지구에서 선물은 상대방에서 호의를 보이기 위한 중요한 수단임.

- 하지만 선물 목록을 고르는 것은 신중히 선택해야 함. 지구인들에게는 훌륭한 선물인 "치킨"이 아우린들에게는 절대 반갑지 않은 음식이었음. 지구인들 사이에서도 반갑지 않은 선물이 있으므로, 혹시 지구인에게 꼭 선물을 해야 하는 순간이 있다면 신중하게 선택할 것.

- 지구의 고양이는 고마운 상대에게 쥐나 곤충 등을 잡아서 선물함. 침대 머리맡이나 문 앞에 자신이 잡은 작은 생명체를 가져다 놓음. 이 경우 지구인들은 살짝 인상을 썼다가도 이내 고양이를 칭찬함. 그러나 만약 지구인이 지구인에게 이러한 작은 생명체를 선물한다면? 지구인은 위협으로 받아들임. 선물 아이템도 중요하지만, 누가 주는지도 중요한 모양.

5

미용실의 완벽한 손님

화가 난 지구인은 매우 위험하다

부아앙

가자!

여기는 지난번에 외계인 추적기가 울렸던 바로 그 동네….

우리 동네야.

헉! 설마 외계인은…!

누구, 짚이는 사람이라도?

꼴깍

　이 동네에는 외계 전파를 수신할 커다란 안테나가 없다. 지구 정복을 위해 점령해야 할 주요 시설도 없다. 검은 양복과 윤박이 눈에 불을 켜고 찾았지만 외계인과 관련지을 특별한 점은 눈에 띄지 않았다.

　검은 양복은 사소한 정보라도 얻기 위해 가까운 편의점에 들어갔다. 초콜릿을 고르는 척하며 편의점 알바 루이에게 물었다.

　"며칠 전에 천둥 번개가 요란했던 날, 이상한 일 없었어요?"

　"아, 그날! 맞아요. 진짜 이상했어요. 외계인이 쳐들어왔나 했다니까요."

　검은 양복과 윤박은 귀를 쫑긋 세웠다. 루이는 신이 나서 말했다.

"편의점 알바 경력 2년 만에 그런 날은 처음이었어요. 처음에는 좋았는데 나중에는 외계인이 지구를 다 멸망시키고, 저만 운 좋게 살아남은 줄 알았죠. 그게 운이 좋은 건가? 나쁜 건가?"

루이의 외계인설은 너무 터무니없어서 추적자들의 관심을 끌지 못했다.

"정보를 얻으려면 편의점이 아니라 미용실로 가야지. 예로부터 토박이 미용사가 있는 오래된 미용실이 동네 소문의 중심이라고!"

윤박은 빛바랜 간판의 미용실 문을 활짝 열었다.

"어서 오시오."

냉랭한 인사말이 흘러나왔다.

위니 원장은 손님의 머리를 만지며 기억을 더듬었다.

"아, 3주쯤 전에 오셨던 거죠? 그럼요, 똑같이 해 드릴게요. 제가 기억력이 엄청 좋거든요."

위니 원장은 자신 있게 가위를 들었다. 사실 짧은 머리 모양의 손님이 3주 만에 왔다면 기억하고 말고도 없었다. 3주 동안 자란 머리카락을 살짝 다듬어 주기만 하면 되니까.

싹싹싹, 위니 원장은 가위를 경쾌하게 움직여 정 박사의 머리를 잘랐다. 기다리는 손님이 두 명이나 있으니 손을 더 빨리 놀려 싹싹싹.

"어때요? 지난번과 똑같죠?"
정 박사는 거울을 물끄러미 바라보았다.
'아니다. 다르다.'
오로라는 고개를 절레절레 흔들었다.

23일 전에 자른 머리

오늘 자른 머리

'앞머리는 지난번보다 0.3센티미터 더 짧아졌다. 가르마는 3도 왼쪽으로 옮겨야 하고, 뒷머리는 0.2센티미터, 옆머리는 0.3센티미터 더 깊이 잘라야 한다.'

하지만 오로라는 자신의 생각을 말하지 않았다. 위니 원장의 일에 굳이 참견할 필요는 없으니까.

"흐음, 이 머리 모양은 23일 전과 매우 다르네요."

한참 만에 정 박사가 말했다.

"달라요? 그것도 많이요?"

위니 원장은 깜짝 놀라 물었다.

"어디, 어디가 달라요? 똑같구먼."

"이번에는 옆머리가 3주 전보다 0.2센티미터쯤 짧아졌고, 가르마가 오른쪽으로 1도 치우쳤어요."

위니 원장은 잘난 체하며 깐깐하게 구는 정 박사에게 결국 폭발하고 말았다.

"그 정도를 누가 알아본다고, 아무도 못 알아봐요!"

"제가 알아봐요. 하지만 원장님이 힘들어하시니 그냥 마무리해 주세요."

정 박사가 나가자마자 위니 원장은 한숨을 거칠게 내쉬었다.

"으으으! 헤어 디자이너 25년 만에 저렇게 까다로운 손님은 처음이야. 원장님이 힘드시니까 마무리해 달라고? 으악! 자존심 상해."

그래도 화가 풀리지 않은 위니 원장이 선반을 쾅 내리쳤다.
그 순간……!

위니 원장은 아프고, 화나고, 약이 올라서 길길이 날뛰다가 미용실을 나가 버렸다.

오로라는 위니 원장의 행동을 이해할 수 없었다. 화를 참지 못해 경솔한 행동을 하고 자기를 다치게 하더니, 자신의 잘못을 남의 탓으로 돌린다. 높은 이성으로 합리적인 판단을 하는 아우린에게는 있을 수 없는 일이었다.

하지만 지구인에게는 자주 있는 일인 듯했다. 숨죽이며 기다리던 손님들이 이렇게 말하는 것을 보면.

"와, 원장님이 다혈질이신가 봐요. 저도 종종 저래요. 화내면 나만 손해인 줄 알면서도 이성이 멈춰 버리죠."

"맞아요. 감정을 자제하는 게 쉬우면 그게 인간인가요, 로봇이지."

그렇다면 지구인은 매우 위험한 존재다. 언제, 무슨 일을 벌일지 예측할 수 없으니 말이다.

"저기, 며칠 전에 번개 치던 날, 이 동네에 이상한 일 없었어요? 텔레비전이 이상한 전파의 영향을 받았다던가, 처음 보는 빛이 번쩍였다던가……."

검은 양복 중 하나가 미용실에 홀로 남은 오로라에게 갑자기 수상한 질문을 던졌다. 이들은 진짜 외계인 추적자들인가? 그날, 아우레에서 온 통신에 대해 묻는 건가?

하지만 오로라는 얼굴빛 하나 변하지 않고 태연하게 말했다.

"네. 날씨가 이상했어요. 다른 일은 없었어요. 이제 그만 가주세요. 보셨다시피 헤어 디자이너가 다쳐서 오늘은 머리를 해 드릴 수 없네요."

빈손으로 미용실을 나온 윤박은 한숨이 절로 나왔다. 뭐라도 단서를 찾아가지 않으면 보스가 위니 원장보다 더 날뛸 것이다. 윤박은 조금 전 봤던 수상한 남자를 떠올렸다.

　"방금 전 미용실 손님 말이야. 기억력이 너무 좋지 않아? 인간 같지 않단 말이지."

　"맞아. 그 사람 좀 이상하긴 해. 편의점 루이는 그 남자가 외계인이라고 믿던데. 설마~."

　고개를 갸웃거리는 검은 양복에게 윤박이 다그치듯 물었다.

　"진짜 외계인이 아니라고 확신해? 합리적이고 이성적인 문명을 가진 외계에서 온 외계인이 아니라고?"

　물론 검은 양복은 확신하지 못했다.

보고서 17
지구인은 종종 화를 낸다

🌏 2019년 7월 23일　🪂 아우레 7385년 22월 71일　작성자: 오로라

지구 사건 개요

* 편의점 루이가 외계인이라고 생각하는 정 박사는 기억력이 매우 좋음. 23일 전에 잘랐던 자신의 머리카락 길이와 스타일을 정확히 기억하고 있음. 이렇게 매사 분명한 지구인을 만나면 아우레 행성에 온 듯 마음이 편안해짐.
* 그에 반해 위니 원장은 지구인이 얼마나 비이성적인지 또다시 보여 줌. 다른 지구인의 정확한 기억력이 아닌 본인의 부실한 기억력을 믿는 듯함. 결국 남 탓을 하다 손을 다침. 오늘의 지구인 관찰 업무는 일찍 종료됨.
* 검은 양복의 지구인이 오늘은 미용실까지 찾아와서 아우레의 전파가 수신된 날 무엇을 했는지 질문함. 이들도 번개 맞은 집에 관심이 있는 것 같음. 누구든지 아우레 탐사대에 관심을 보이는 지구인은 모두 위험함.

지구인들이 추천하는 화를 다스리는 법

- 지구인들은 종종 문제를 해결하기 위해 화를 냄. 그러나 화를 내다 문제를 더 크게 만들기도 함. 이 때문에 지구의 심리학 전문가들은 화가 났을 때 몇 가지 행동 수칙을 만들어 놓았음. 정말 가지가지 함. 이성적으로 생각하고 화를 내지 않으면 될 것을.
- 화가 났을 때는 다음과 같이 해 볼 것.
    * 일단 자리를 피한다. (상황에서 멀어지면 왜 화가 났는지 잊어버리나 봄.)
    * 짧게는 30초, 길면 3분 정도 상황을 생각하지 않는다. (지구인들의 기억력으로 이 정도 시간이 지나면 충분히 잊을 만함.)
    * 화가 난 상태에서 내린 결정은 다시 평온한 상태가 되었을 때 되뇌어 본다. (한 가지 문제로 결정을 두 번 하기도 함. 참 힘들게 삶.)

지구인이 화를 내는 이유

- 지구인들은 생각대로 상황이 흘러가지 않을 때 화를 냄. 그리고 행동을 이성적으로 제어하지 못하게 됨. 화가 난 순간 지구인의 부신에서는 노르아드레날린이라는 호르몬이 분비되는데, 이것이 심장 박동을 빨라지게 해 더 많은 혈액을 근육으로 보내어 싸울 준비를 할 수 있게 하는 것.
- 이때 분노라는 감정은 뇌로 가는 혈액의 양을 줄여 버려서, 생각을 제대로 할 수 없게 만듦. 그래서 화가 나면 지구인은 더 공격적으로 바뀜. 이성적인 판단 대신 분노라는 감정이 지배하는 상태가 되어, 일단 감정을 표출하는 것임.
- 특히 스트레스 상황에 다른 사람의 행동이 잘못되었다고 판단하는 순간, 분노라는 감정을 폭발시키는 것. 위니 원장에게는 잘못된 자신의 기억력이 스트레스 상황이었다면, 정 박사의 완벽한 기억력은 위니 원장의 분노를 폭발시키는 자극제가 되었음. 지구인의 이성을 마비시키는 것은 생각보다 어렵지 않음. 지구인이 모르는 것을 계속 얘기하거나, 지구인을 놀리거나, 지구인이 원하는 걸 하지 못하게 하면 됨.
- 지구인이 분노 상황에서 크게 소리를 지르거나 주먹을 휘두르는 것은 바로 감정을 표현하는 방식. 이렇게 분노를 표출하고 나면, 지구인 뇌의 뇌하수체에서는 통증 조절 호르몬인 엔도르핀이 분비되어, 잠시나마 고통스러운 감정을 잊게 됨. 위니 원장이 테이블을 친 것은 분노의 표출이었고, 이를 통해 잠시 엔도르핀이 나와 고통이 줄어들었을 것. 이러한 위로는 오래가지 못했을 텐데, 참으로 어리석음. 한동안 다친 손에 붕대를 감고 다니느라 고생한 것 역시 위니 원장임.

운전할 때 특히 화를 많이 내는 지구인이 있다. 지구인들에게 운전은 앞 보고, 옆 보고, 뒤 보고, 차선 넘어가지 않게 핸들 조정하고, 앞차와 거리를 유지하며 빠른 속도로 달려야 하는 아주 복잡한 작업. 그런데 이때 앞차가 갑자기 멈추거나 옆 차가 끼어들면, 지구인들의 뇌는 아주 난리를 친다.

지구인은 사실 변화를 잘 모른다

- 20년 경력의 위니 원장이 정 박사의 3주 전 머리를 기억하지 못한 원인을 생각해 봤음. 지구인의 부실한 기억력이라면 사실 당연한 일. 그러나 여기에 지구인들이 가진 시각의 한계가 있었음.
- 지구인들은 눈에 보이는 작은 차이를 구분해 내는 능력이 있음. 그러나 이때 구분할 수 있는 차이는 일부에 불과. 수치화해야만 하는 아주 미세한 차이는 구분해 내지 못했음. 예를 들어, 맨눈으로는 0.2㎝와 0.3㎝를 구분하지 못함.
- 특히 어떤 상황에 집중하고 있을 때는 다른 일이 벌어져도 알아채지 못함. 미국의 한 대학에서 진행된 실험. 여섯 명의 지구인들이 공 두 개를 서로 주고받는 동영상을 보여 주고, 흰옷을 입은 사람들이 공을 모두 몇 번이나 주고받았는지 세라고 한 뒤, 가운데로 고릴라 분장을 한 지구인이 지나감. 이때 공을 세는 것에 너무 집중한 지구인들은 고릴라를 전혀 보지 못했다고 함. 분명 바로 눈앞에서 벌어진 일인데!

지구인들은 스스로도 자신들의 행동을 이해하지 못한다. 그래서 또 연구를 함. 지구인들은 이 현상에 대해 '주의하지 않아서 보지 못했음'이라는 설명을 생각해 냈다. 한곳에 너무 집중하느라 다른 것을 못 봤다는 것. 그렇다면 지구인들은 집중해서 본 공의 이동 횟수는 모두 맞혔을까?

- 지구인들은 자신들이 주의 집중한 것만 본다는 사실. 만약 아우린임을 들켰을 경우, 지구인이 무엇을 보고 싶어 하는지 빨리 알아내기 바람. 지구인의 주의를 다른 곳으로 돌릴 수 있다면, 지구인은 우리가 아우린의 모습으로 있어도 알아채지 못할 수도 있음. (아직 증명하진 못했음. 섣불리 시행하지 말 것.)

6

유니의 충동구매

지구인들은 자기가 한 거짓말에 고통받는다

유니는 등교 준비를 할 때마다 너무 괴롭다. 바로 옷 때문. 왜 매일 아침 학교에 입고 갈 옷이 하나도 없을까?

위니 원장은 어이가 없었다. 침대 위에 가득 펼쳐진 저것들은 옷이 아니면 뭐란 말이냐!

"후드 잠바. 요즘 유행하는 거 있어. 나만 빼고 다 그거 입었어."

후드 잠바라고? 위니 원장의 가슴 속에서 화가 불쑥 솟았다.

후후, 위니 원장은 길게 숨을 내뱉었다. 사춘기 딸을 키우는 엄마는 참아야 한다. 감정을 그대로 드러냈다가는 날마다 전쟁을 치를 테니…….

위니 원장은 침대 위에 널브러진 옷을 집어 들며 차분하게 말했다.

"유니야, 작년에 산 이 검정 후드 잠바 있잖아. 잠바가 싫으면 검정 후드 티는 여기. 지난달에 친구들이랑 쇼핑몰에 갔다가 충동구매한 쥐색 후드 티도 있고, 시커먼 게 싫으면 흰색은 어때? 다 네가 산 옷들이고, 다 후드가 붙어 있어."

"다 너무 후지단 말이야!"

유니가 빽 소리를 질렀다. 순간 위니 원장의 인내심이 싹 달아났다. 위니 원장도 버럭 소리를 질렀다.

"아무거나 입어. 어차피 교복 안에 입을 걸 누가 본다고. 옷 타령할 시간 있으면 공부해. 공부!"

그날 세상에서 가장 불행한 중학생은 유니였다. 적어도 유니 생각에는 그랬다.

<몽스터즈 손오공을 소개합니다>

나는 세계 최강 원숭이다!

특 징 1
머리 위에 반짝이는 금고아 착용

특 징 2
언제 어디서든 부르면 날아오는 근두운 보유

30초로 보는 몽스터즈

유니는 주먹으로 제 머리를 콩콩 때리며 후회했다. 하지만 이미 늦었다. 내일까지 명품 옷에 신발까지 마련해야 한다.

도대체 무슨 수로?

유니는 용돈으로 살 만한 중고품이 있을까 인터넷을 뒤졌다. 예상대로 유니의 용돈으로는 어림도 없었다.

"어떡하지? 사실대로 말하면 난 매장당할 거야. 확 가출해 버려? 아님 꽥! 아유, 그건 아니잖아!"

유니는 발을 동동 구르며 엄마의 미용실로 갔다. 죽고 싶다고 말하면 불쌍해서 엄마가 하나 사 줄까?

하지만 미용실 밖에서 들여다보이는 엄마의 얼굴도 편치 않았다. 위니 원장은 인상을 팍 쓰고 연거푸 한숨을 쉬었다.

매운 음식은 기분에 어떤 영향을 미치는 걸까? 지구인의 감정은 오로라에게 수수께끼 그 자체였다. 전혀 관계없는 것들이 이어지기도 하고, 오락가락 일관성도 없다.

오로라의 논리적인 지적에 위니 원장은 손을 내저었다.

"아유우~, 오로라는 너무 바른말만 해. 지구인 교과서야. 근데 난 교과서만 보면 짜증이 났어!"

창밖에 서서 엄마를 지켜보던 유니는 절망했다.

"용돈 타기는 다 틀렸네."

유니는 그대로 땅속으로 들어가 버리고 싶었다.

"으으으."

터덜터덜 집으로 걸어가며 유니는 소리를 질렀다. 화풀이를 하지 않으면 답답한 마음이 터질 것 같았다. 유니는 편의점 앞에 내놓은 의자를 걷어찼다.

탁!

의자가 맥없이 넘어졌다. 그 바람에 유니도 균형을 잃고 넘어지고, 손에 들고 있던 소중한 스마트폰도 바닥에 떨어져 퍽!

유니는 재빨리 스마트폰을 들어 올렸다. 매끈했던 액정이 쩍쩍 갈라져 있었다.

"안 돼. 안 돼. 안 된다고!"

유니는 두 손으로 스마트폰을 붙들고 처절하게 외쳤다. 유니는 기운이 쭉 빠졌다. 당장 앓아누울 것 같았다. 정말 그러고 싶었다. 아프다고 내일 영화 보러 가지 말까?

친구들은 난리 치겠지만, 그 방법밖에 없…….

"토토, 너 왜 여기 있어? 목줄 없이 다니면 안 된다니까."

토토로 변신해 줍줍의 집 앞을 서성이던 바바가 유니에게 딱 걸렸다. 토토는 냉큼 앉아서 앞발을 척 내밀었다. 지구에서 개로 변신해서 좋은 점, 귀여운 짓을 하면 아무런 의심을 받지 않는다. 토토는 혀까지 빼물었다.

"어휴~, 귀여워! 넌 개라서 좋겠다. 개털이어도 귀엽잖아."

유니는 토토를 격하게 쓰다듬어 주고는 대문 안으로 들였다.

"내가 지금 바쁘니까 일단 우리 집에 들어가 있어. 이따 바바 할아버지한테 연락해 줄게."

줍줍네 집 안으로 들어가는 것, 바로 바바가 바라던 바였다.

유니가 뛰쳐나간 뒤 바바는 슬며시 대문을 닫았다. 이제 줍줍의 집에는 바바 혼자뿐이다.

바바는 안심하고 줍줍의 보물 창고로 들어갔다. 가득 쌓인 고물 같은 보물들이 바바를 반겼다.

"소로보니온의 통신 장비가 어디 있더라?"

바바는 개 목걸이에 달고 온 외계 방사선 탐지 장치를 켰다. 단 한 번의 스캔으로 외계 물건에서 나오는 미량의 방사선도 탐지할 수 있는 기계다.

"저기 있다."

바바는 단숨에 소로보니온의 기계를 찾아냈다. 이제 들고 나가기만 하면 된다. 아니, 의심을 사지 않으려면 지구의 개처럼 입에 물고 나가야 한다.

왁, 바바는 통신 기계를 물려다 그만 놓치고 말았다. 동글동글하고 미끌미끌한 데다가 바바가 물기에는 너무 컸다.

"으, 지구 개는 불편한 점도 많구나."

"안 되겠다."

바바는 벌떡 일어났다. 앞발로 통신 기계를 들고 사람처럼 뒷발로 총총 걸어 나갔다. 바바는 지구의 개가 아니라 개 슈트를 입은 외계인이니까.

보고서 18
지구인의 있는 척, 아는 척, 잘난 척

2019년 7월 26일 아우레 7385년 23월 13일 작성자: 바바

지구
사건
개요

* 유니는 친구들 앞에서 거짓말을 함. 거짓말 하나가 또 다른 거짓말을 낳는 상황. 기억력도 안 좋은데 저렇게 거짓말을 하다 나중에 탈로 날 것이 뻔해 보임.
* 유니 거짓말의 핵심은 없으면서 있는 척. 없던 것을 만들어 내는 것이 얼마나 어려운 일인지 모르는 모양.(하라하라를 분실한 뒤 아우레 탐사대가 맞닥뜨린 문제들은 결코 쉽지 않음. 없던 것을 만들어 내는 능력은 정말 중요함.)
* 유니가 집을 비운 덕분에 다행히 줍줍할매의 지하 창고를 조사할 수 있었음. 뭐든지 다 모아 놓는 줍줍할매 덕분에 소로보니온의 통신 기기를 구할 수 있었지만, 줍줍할매는 저 수많은 물건들을 언제 쓰려고 모으는지 알 수가 없음. 본인에게 필요한 것이 무엇인지 모르는 모양.

지구인들은 솔직하지 않다

- 지구인들과 대화할 때는 문장 그대로가 아닌 상황을 이해해야 함. 같은 말이라도 상황에 따라 의미가 완전히 달라지기 때문임. 예를 들어, "오~, 굉장한데!"라는 말은 정말 대단한 일에 대한 긍정의 의미이지만, 말도 안 되는 실수를 하거나 문제가 생겼을 때 사용하기도 함. 완전히 극과 극의 의미.
- 지구인들은 이럴 때 "행간을 읽어야 한다."고 함. 눈앞에 있는 것도 모두 보지 못하는 지구인들은 보이지 않는 행간까지 읽어야 함. (이러니 당연히 실수투성이가 됨.)
- 솔직하지 않은 것이 환영받는 경우도 있음. 지구인들은 이것을 선의의 거짓말, 하얀 거짓말이라고 부름.(거짓말에 색이 있는지 몰랐음.) 다른 사람을 배려하기 위해 거짓을 말하는 것으로, 어울리지 않는 옷을 입은 친구에게 "잘 어울려. 예뻐."라고 말해 주는 것은 하얀 거짓말임.

지구인들이 거짓말을 하는 이유

- 지구인들은 다양한 방법으로 거짓을 말함. 약속을 어기거나 잘못을 숨기거나 자신을 더 좋은 모습으로 포장하기 위해, 또는 상대방을 기분 나쁘지 않게 하기 위해 등 이유는 갖다 붙이기 나름. 없으면서 있는 척을 하거나 모르면서 아는 척을 하는 것도 지구인의 흔한 거짓말. 흔히 허세라고 함.

- 사춘기인 유니의 거짓말은 또래 집단에 속하려는 이 시기의 독특한 정신세계임. 친구 집단에서 인정받고, 소외되지 않기 위해 자신을 포장하는 것임. 지구인 남성들의 경우 여성들 앞에서 돈이 더 많은 척, 힘이 센 척, 능력이 있는 척을 한다고 함. 시간이 지나면 다 들킬 '척'들을 왜 하는지 도무지 알 수 없음.

- 지구인의 거짓말이 정말 위험한 순간도 있음. 특히 범죄 사건에서는 거짓을 밝혀내는 것이 사건 해결에서 매우 중요함. 그래서 다른 사람이 거짓말을 하는지 진실을 말하는지 판단하기 위해 거짓말 탐지기라는 기계를 개발함. 거짓말을 하느라 심리적으로 불안한 상태가 되었을 때, 호흡과 혈압, 맥박, 피부 전기 반사 등에서 생기는 변화를 측정하는 것. 완벽히 들어맞지는 않지만, 많이 사용되고 있음. 지구의 거짓말 탐지기가 아우린들에게도 통할까?

뇌 연구로 알아내는 지구인의 거짓말

지구인의 거짓말 탐지기 중 현재 주목받는 것은 기능적 자기 공명 영상(fMRI)을 이용한 뇌의 혈류 관찰법. 거짓말을 할 때의 뇌 반응과 진실을 말할 때의 뇌 반응을 비교해 보는 것이다.
예를 들어, 진짜 기억을 회상할 때는 기억에 중요한 역할을 하는 해마 부위가 주로 활성화되지만, 거짓 상황을 만들어 낼 때는 전두엽 일부와 두정엽 일부, 상황에 따라 복외측 전전두피질이 활성화된다고 한다. 거짓 반응을 할 때는 진실 반응을 억제하고 갈등을 관리하는 기능이 작용하는 것.

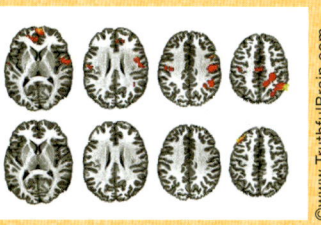

거짓을 말하는 지구인의 뇌(위)와
진실을 말하는 지구인의 뇌(아래)
지구인은 거짓을 말할 때 뇌의 혈류가 달라진다.
거짓을 말할 때 훨씬 더 다양한 영역이
활발하게 작동한다는 사실.

지구인들은 감정도 속인다

- 지구인의 감정은 크게 화, 행복, 놀람, 역겨움, 슬픔, 무서움이 기본임. 이 중 가장 긍정적인 감정은 행복. 지구인들은 스스로 행복해지고 싶어 함. 그래서 행복하지 않을 때 어떻게 하면 행복해질 수 있는지를 계속 연구함.
- 지구인들이 찾아낸 행복해지는 방법은 그냥 웃는 것임. 인위적으로 웃는 표정을 짓는 경우 고통에서 더 빨리 벗어날 수 있다는 연구 결과도 있음. 한 실험에서 젓가락을 무는 방법에 따라 무표정과 보통의 미소, 활짝 웃는 표정을 만든 뒤, 아주 차가운 물에 1분간 손을 담그도록(이 정도면 지구인들에게는 꽤 인내심이 필요한 고통임.) 해 보았다고 함. 활짝 웃는 얼굴을 하고 실험에 참가한 지구인들은 무표정으로 실험에 참가한 지구인보다 실험이 끝난 뒤 스트레스 상황에서 더 빨리 회복됨.

지구인의 미세하게 다른 표정 찾기

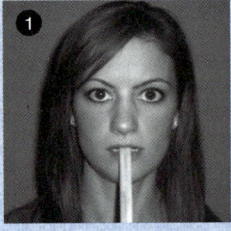 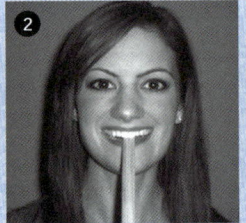 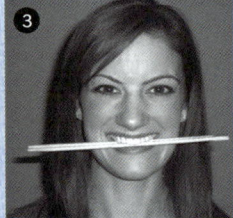

©Tara L.Kraft and Sarah D. Pressman, 2012/SAGE Publications

각 표정의 차이를 알겠는가? 지구인들 사이에서는 3번이 가장 행복하게 웃는 표정임. 이 실험 참가자들은 1번에서 3번 표정으로 갈수록 스트레스 상황에서 더 빨리 회복되었다.

- "웃으면 행복해진다."는 지구인들의 흔한 말은 지구인들 사이에서는 사실로 확인됨. 인위적인 표정만으로도 지구인의 감정을 조절할 수 있다니, 지구인의 감정은 복잡한 듯 복잡하지 않은 것 같음. 하지만 웃는 것만으로 행복해질 수 있음에도 불구하고, 일부러 크게 웃는 것을 연습하는 수업도 있는 것으로 보아 지구인의 감정을 지배하는 것은 어려운 일인 듯.

7

중대한 결정

지구인들의 감정은 자주 폭발한다

 바바는 통신실에서 꼼짝도 하지 않았다. 줍줍의 집에서 가져온 소로보니온인들의 통신 기계는 역시 고장 나 있었다. 하지만 그 매끄러운 기계 속에는 초공간 이동 통신 장치에 꼭 필요한 특수 광물질 오튬이 들어 있었다. 모든 건 바바의 예상대로였다.
 바바는 소로보니온의 통신 기계에서 오튬을 떼어 내 아우린 통신 장비에 연결했다.
 '지구 탐사대 통신 복구 완료. 비밀 요원 바바.'
 바바는 맨 먼저 아우레 행성으로 시험 통신을 보냈다.

　바바는 태연하게 거짓말을 했다. 아니, 거짓말을 할 수밖에 없었다. 바바에게는 다른 탐사대원들에게 숨겨 온 비밀이 있었기 때문이다.

　바바는 사실 아우레의 비밀 요원이었다.

　아우레 행성에서는 수백 년 동안 아우린들이 이주할 만한 행성을 찾고 있었다. 하지만 딱 맞는 행성을 발견하는 일은 쉽지 않았다. 아우린들이 살기 적합한 빈 행성은 없었고, 조건이 맞는 행성에는 고약한 외계인들이 살고 있었다. 도저히 아우린이 함께 살 수 없는 존재들이……

그러는 동안 아우레의 시간은 점점 줄어들고 있었다. 결국 행성 지도부는 '아우린에게 해를 끼치지 않는 한 다른 행성의 생명체를 해치지 않는다.'는 행성 이주 원칙을 포기했다. 아우린을 위해서라면 먼저 살고 있는 생명체를 제거해서라도 행성을 빼앗기로 했다. 아우린의 윤리 원칙에 어긋나기에 지도부끼리 비밀리에 결정한 일이었다.

그 결정 이후 처음 파견된 지구 탐사대, 그 안에는 비밀 요원이 포함되었다. 아우린을 위해서라면 모든 방해물을 제거할 비밀 요원. 또 아우린이 이주할 빈 행성을 발견했다고 보고할 수 있는 비밀 요원. 그자가 바로 바바였다.

딩동~. 잠시 후 아우린 본부의 초인종이 또 울렸다.

"유니다. 유니. 이걸 가지러 온 거야."

라후드는 벌떡 일어나 쇼핑백을 들고 나갔다가 도로 들고 왔다. 써니가 따라 들어오며 물었다.

"아저씨, 그거 뭐예요?"

"유니 거야."

"우리 언니 거요?"

라후드가 쇼핑백을 내려놓자마자 써니가 달려들었다.

"와! 이게 다 뭐야? 또 엄마 몰래 사서 숨겨 뒀대요? 전에도 친구 집에 숨겨 놨다 들켜서 엄청 혼났는데!"

써니는 마치 제 물건인 양 유니의 물건들을 꺼냈다.

"안 된다. 유니가 꺼내 보지 말라고 했다."

라후드가 말렸지만 써니는 들은 척도 안 했다. 아니, 실제로 써니의 귀에는 들리지 않았다. 언니가 사 온 물건들에 정신을 홀딱 빼앗긴 탓이었다.

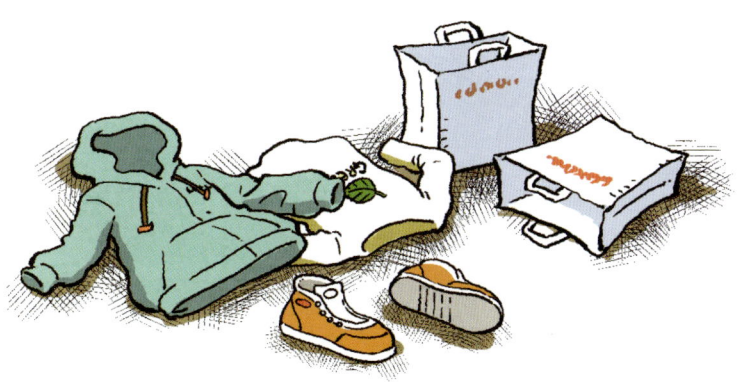

유니는 눈앞에서 벌어진 광경에 놀라 꽥 소리를 질렀다.

유니는 내일 아침 일찍 쇼핑한 물건들을 가져가서 환불받으려 했다. 하지만 써니 때문에 다 틀렸다.

"이게 다 너 때문이야. 어쩔 거야? 책임져."

"왜 나 때문이야? 엄마 몰래 옷을 산 언니 잘못이지."

유니와 써니는 큰소리로 다투기 시작했다. 라후드가 지구인들을 말렸지만 소용없었다.

"아저씨도 책임져요. 아저씨한테 맡겼잖아요."

"맞아요. 언니 걸 저한테 주시면 어떡해요."

유니와 써니는 오히려 라후드를 탓했다.

아우린들은 깜짝 놀랐다. 지구인들은 왜 이럴까? 이 문제가 어디를 봐서 라후드의 잘못이란 말이냐!

딩동~. 이번엔 써니의 문자를 받고 화가 나서 찾아온 위니 원장이었다. 위니 원장은 오자마자 노발대발 화를 냈다.

"꺅! 이게 뭐야? 엄마 돈 가져가서 이걸 다 산 거야? 유니, 너 제정신이야? 써니 너는, 유니가 몰래 산 것인 줄 알면서도 입어 봐? 게다가 새 옷을 망쳐?"

아우레 탐사대는 지구인들의 소란을 피해 조용히 마당으로 나갔다. 조금만 생각하면 옳은 선택을 할 수 있는데 왜 잘못된 선택을 하고, 후회하고, 다툴까? 이해할 수 없었다.

아우린들은 서늘한 밤바람을 맞으며 별도 보이지 않는 밤하늘을 바라보았다. 이성적인 아우린들이 과연 이런 지구인들과 함께 살 수 있을까? 그날따라 탐사대는 아우레 행성 생각이 간절했다.

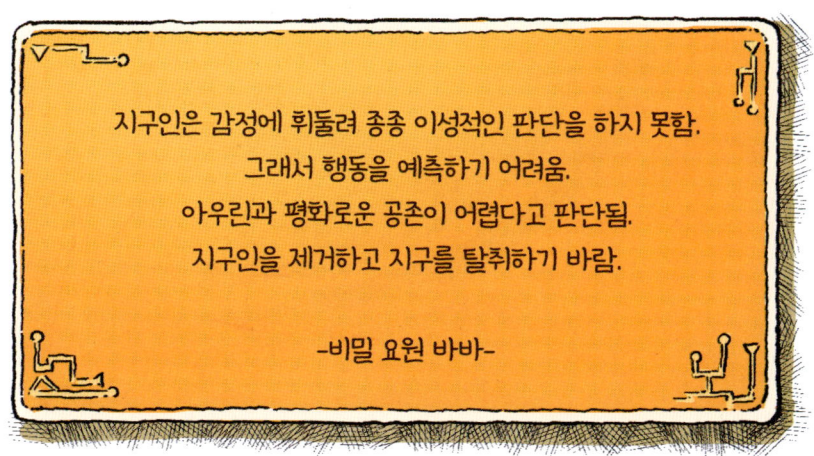

아싸와 오로라와 라후드가 아우레 행성 생각에 빠져 있는 동안 바바는 슬그머니 통신방으로 올라갔다.

"이제 결정했다."

바바는 통신 고장으로 보내지 못했던 보고서와 함께 비밀 보고서를 행성으로 보냈다.

지구인은 감정에 휘둘려 종종 이성적인 판단을 하지 못함.
그래서 행동을 예측하기 어려움.
아우린과 평화로운 공존이 어렵다고 판단됨.
지구인을 제거하고 지구를 탈취하기 바람.

-비밀 요원 바바-

 그날 아우레 최고 회의의 풍경은 매우 이례적이었다. 높은 이성으로 무장한 아우린들, 그중에서도 가장 날카롭고 이성적인 지도자들이 얼굴을 붉히고 소리를 높여 다투었다. 그러고도 결론을 내지 못했다. 마침내 행성의 최고 지도자가 말했다.

 "아우린은 충분한 자료를 바탕으로 옳은 결론을 내립니다. 하지만 아직 지구인에 대한 정보가 충분하지 않아요. 탐구 보고서를 좀 더 받은 뒤에 결정합시다."

보고서 19
지구인들의 후회 보고서

🌏 2019년 7월 27일　 아우레 7385년 23월 18일　작성자: 바바

지구 사건 개요

* 지구인은 가끔 자신의 물건을 남에게 맡김. 물건을 맡은 사람은 다른 사람의 물건이 무엇인지 궁금해함. 오늘 라후드는 지구인 유니가 맡긴 물건을 궁금해했음. 라후드는 확실히 지구인에 많이 동화되고 있음.

* 하지만 유니의 새 옷이 훼손되었고, 유니는 이 모든 상황을 라후드의 잘못이라고 주장함. 아니, 대체 왜? 유니의 옷을 제멋대로 입어 보고, 콜라를 묻힌 사람은 써니인데? 지구인들은 화가 났을 때 문제의 원인과 결과를 파악하는 것보다 감정을 폭발시키는 데 더 집중함.

* 더 큰 문제는 유니와 써니의 엄마인 위니 원장. 분명히 화를 내며 들어왔는데 결국 이 모든 상황을 자신의 잘못이라고 함. 위니 원장의 돈을 훔친 유니나 유니의 옷을 몰래 입어 본 써니가 아니라! 지구인들의 감정은 정말로 종잡을 수가 없음.

선택의 갈림길에서 늘 후회하는 비이성적인 지구인

- 지구에서는 선택해야 하는 것이 너무 많음. 아침에 일어나서부터 잠이 들 때까지, 하루 세 번의 식사와 각종 간식, 매일 갈아입는 옷을 선택하는 것은 기본 중의 기본. 지구인들은 이런 선택들을 하느라 대부분의 에너지를 소모하는 것 같음. 그러나 각 선택의 순간을 정확한 수치로 정량화하는 데이터는 부족해 보임.
지구인들은 이 선택에 가치 판단 외의 감정을 투여함. 과거 비슷한 선택을 했을 때의 결과를 기억하고, 그 기억에 따라 현재의 선택이 달라지는 것.

- 그러나 이때의 선택이 자신의 기대나 기억에 미치지 못하면 지구인은 후회를 함. 다른 걸 선택했을 때 어떤 결과가 나왔을지 확실하지 않기 때문에 일단 후회하고 봄.

오늘 점심은 뭘 먹어야 잘 먹었다고 소문이 날까….

했어야 하는 일과 하지 말았어야 하는 일, 더 큰 후회는?

- 지구인들은 해도 후회하고 안 해도 후회함. 얼마나 후회를 많이 하는지, 하고 난 뒤에 하는 후회와 안 해서 하는 후회 중 어떤 후회를 더 오래 하는지 연구도 해 놓았음. 후회를 모르는 아우린들을 위해 지구인들의 연구 결과를 전달함.
- 후회가 큰 경우는 일단 행동한 뒤의 후회라고 함. 왜냐하면, 하지 않은 일에 대해서는 구체적으로 상상하기 어렵기 때문. 그래서 구체적인 후회의 내용을 모름. 그러나 행동한 뒤에는 행동의 결과가 눈에 보이기 때문에 부끄러움이나 분노 같은 부정적인 감정이 크게 남게 됨. 지구인들은 이것을 "자다가도 벌떡 일어남", "이불 하이킥" 같은 말로도 표현함. 지구인들은 자면서 참 많은 것을 하는 듯.
- 그러나 하지 않은 후회는 더 오래 남는다고 함. 하지 않은 행동은 과거의 상태에 머물게 되어 시간이 지나도 후회가 사라지지 않는 것. 그래서 지구인들은 "해도 후회, 안 해도 후회", "그러니 일단 한 번은 해 봐."라고 말함. 일단 저지르고 나서 후회하는 걸 선택할 확률이 높음.

라후드 아저씨네 쇼핑백을 맡기는 게 아니었어.

럭셔리 브랜드의 옷이 있다는 말을 하지 말걸!

바바의 후회 일기

- 지구인처럼 후회를 해 보기로 함.
- 지구 도착 2일차에 쇼핑을 갈 때 하라하라를 들고 가지 말걸. 지구인 슈트를 여러 개 만들어 놓을걸. 지구의 전파 연구소 연구원으로 변장할걸.(좀 더 젊은 모습으로 변장했어야 함. 전파 연구소에서 일할 수 있다면 아우레의 신호를 잘 잡을 수 있었을 것임.) 강아지 말고 고양이 동물 슈트를 입을걸.(고양이는 사람에게 안기지 않아도 됨.) **무엇보다 하라하라를 하나 더 만들어 놓을걸.**
- 지구인의 슈트를 입은 뒤 아우레 탐사대 역시 효율적인 가치 판단에 어려움을 겪고 있음. 후회할 일들이 많아짐. 역시 지구는 아우린들에게 부정적인 감정을 만들어 내는 부정적인 행성임. 정복할 필요가 있음.

이 책을 만든 사람들

정재승 기획

KAIST에서 물리학으로 학사, 석사, 박사 학위를 받았습니다. 예일대학교 의과대학 정신과 박사후 연구원, 고려대학교 물리학과 연구교수, 컬럼비아대학교 의과대학 정신과 조교수를 거쳐, 현재 KAIST 뇌인지과학과 교수로 재직 중입니다. 우리 뇌가 어떻게 선택을 하는지 탐구하고 있으며, 이를 응용해서 로봇을 생각만으로 움직이게 한다거나, 사람처럼 판단하고 선택하는 인공지능을 연구하고 있습니다. 쓴 책으로는 <정재승의 과학 콘서트>(2001), <열두 발자국>(2018) 등이 있습니다.

정재은 글

프로젝트를 진행하는 동안 때로는 아싸로, 때로는 라루드로, 때로는 오로라나 바바로 끊임없이 정신을 분리하며 도서 전체의 스토리를 진행했습니다. 가 본 적 없는 아우레 행성과 직접 열어 본 적 없는 지구인의 뇌를 스토리 속에 엮어 내기 위해 엄청 열심히 공부를 해야 했습니다. 쓴 책으로 <뚱핑크 유전자 수사대> <멘델 아저씨네 완두콩 텃밭> <미스터리 수학유령> 시리즈 등 다수의 어린이 책이 있습니다. 머릿속 넓은 우주가 어디로 펼쳐질지 모르는 창의력 뿜뿜 스토리텔러.

김현민 그림

일찍이 유럽으로 시장을 넓힌 대한민국의 만화가. 대학에서 산업디자인을 전공한 뒤 어릴 때 꿈을 찾아 만화가가 되었습니다. 프랑스 앙굴렘 도서전에 출품한 것을 계기로 프랑스 출판사에서 <Archibald 아치볼드>라는 모험 만화를 만들고 있습니다. 인간이 아닌 괴물이나 신기한 캐릭터 등 상상력을 발휘할 수 있는 그림을 좋아합니다. 몸은 지구에서 벗어날 수 없지만, 머릿속은 항상 우주의 여행자가 되고 싶은 히치하이커.

이고은 글

지구인들의 심리를 과학적으로 설명해서 보여 주는 것이 취미이자 특기인 인지심리학자. 부산대학교에서 심리학으로 학사, 인지심리학으로 석사와 박사 학위를 받은 뒤, 강의와 연구를 하고 있습니다. 과학 웹진 <사이언스 온>에서 '심리실험 톺아보기' 연재를 시작으로 각종 매체에 심리학을 소개해 왔으며, <마음 실험실>(2019)을 펴낸 과학적 스토리텔링의 샛별.

뇌가 말랑해지는 시간
4권 미리보기

**놓칠 수 없는 마지막 페이지
컬러링과 사다리 타기로
뇌를 말랑말랑하게 풀어 주자!**

지금 네 기분은? 표정으로 말해 봐!

지구인들은 얼굴 표정만 보고도 그 사람이 어떤 감정을 느끼는지 알 수 있어.
지구인 얼굴에 붙어 있는 43개의 근육은 무려 1,000개의 표정을 만들어 낼 수 있지.
네 앞에 있는 사람은 지금 어떤 기분일까?

평소 표정

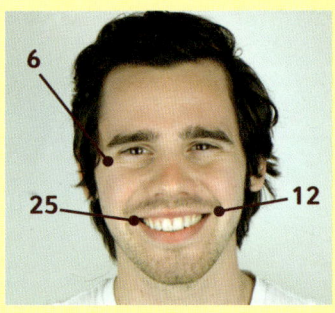

행복

경멸

놀람

지구인들의 표정 코드

1 안쪽 눈썹이 올라감
2 바깥쪽 눈썹이 올라감
4 눈썹이 내려감
5 눈꺼풀이 올라감
6 광대가 올라감
7 눈 밑이 팽팽해짐
9 코허리에 주름이 짐
10 윗입술이 들어 올려짐
12 입꼬리가 올라감
14 보조개가 생김
15 입꼬리가 내려감
17 턱이 위로 당겨짐
20 입술이 옆으로 당겨짐
23 입을 다뭄
24 입술을 꽉 누름
25 입이 벌어짐
26 턱이 아래로 내려감

©2019 EIAGroup.com

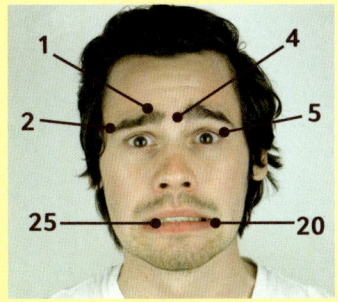

공포

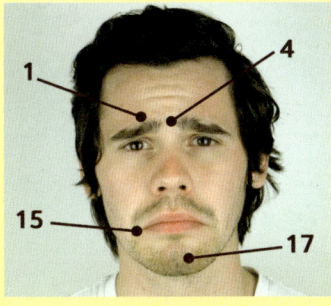

슬픔

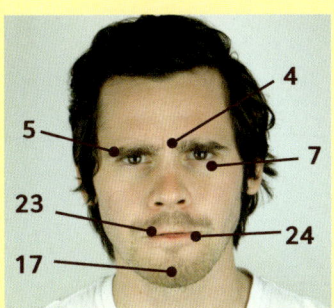

화남

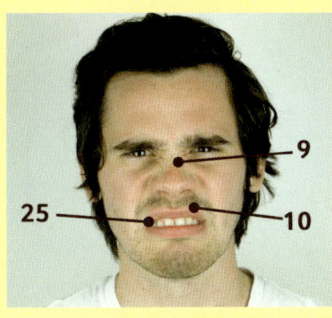

혐오

아우린 주위에
위험한 지구인이 득실득실?

사춘기! 도무지 감당 안 되는 지구인들이 온다!

위험한 이웃이 함께 사는 줄도 모르고 자꾸만 아우린들을 귀찮게 하는 지구인들! 탐사대는 숨길 것 많은 아우린 본부에 지구인 한 명을 같이 살게 해 달라는 부탁을 받는다.

"미안해요. 하필이면 위험한 사춘기 녀석을 맡겨서……."

"사춘기 녀석을 맡게 됐다며? 사춘기 지구인은 외계인이에요."

주변 사람들의 걱정을 불러일으키는 그는 다름 아닌 루이의 동생. 라후드는 엉겁결에 떠안은 사춘기 지구인을 보며 갸우뚱한다.

'대체 어디가 위험하다는 거지?'

위험한 지구인을 본부에 들이고 일거수일투족을 감시하는 아우레 탐사대. 하지만 사춘기 지구인은 방에 틀어박혀서 꼼짝도 하지 않는다. 아우린들을 귀찮게 하지도 않고, 다른 사람에게 관심도 없고 조용한 것이…

아우린들과 비슷하다!
　하지만 얼마 지나지 않아 사춘기 지구인이 서서히 자신의 본모습을 드러내기 시작하는데…….
　한편, 아우린들의 동네에 방문한 지하 세계의 보스. 그리고 그녀 앞에 등장한 외계인 아싸.
　"혹시 너……?!"
　밝혀지는 보스의 과거! 그녀는 왜 지하 세계의 두목이 됐을까? 외계인을 찾아서 어떻게 하려는 거지? 정 박사와 보스가 사실은 아는 사이라고? 위험한 지구인들 때문에 아우린들의 마음은 또다시 요동친다. 탐사대는 지구인들에 대해 어떤 판단을 내리게 될까?
　아우린들이 관찰하는 지구인 "사춘기 편"이 4권에서 이어집니다.

다양한 SNS 채널에서
아울북과 을파소의 더 많은 이야기를 만나세요.

인스타그램 　페이스북　 네이버카페　 네이버포스트
@owlbook21　@owlbook21　owlbook21　아울북 and 을파소

정재승의 인간탐구보고서

03 인간의 감정은 롤러코스터다

기획 정재승 | **글** 정재은·이고은 | **그림** 김현민
사진 getty images bank, SAGE Publications, TruthfulBrain.com,
　　　Twitter, University of Washington, Wikimedia Commons
배경설계자 김지선

1판　1쇄 발행 2020년　4월 22일
1판　12쇄 발행 2025년 11월 18일

펴낸이 김영곤　**펴낸곳** ㈜북이십일 아울북
기획개발 문영 이신지　**프로젝트4팀** 김미희 이해인　**디자인** 한성미
영업팀 정지은 한충희 남정한 장철용 강경남 황성진 김도연 이민재
제작 이영민 권경민

출판등록 2000년 5월 6일 제406-2003-061호
주소 (10881) 경기도 파주시 회동길 201(문발동)
대표전화 031-955-2100 팩스 031-955-2177
홈페이지 www.book21.com

© 정재승·김현민·정재은·이고은, 2020
이 책을 무단 복사·복제·전재하는 것은 저작권법에 저촉됩니다.

ISBN 978-89-509-8309-3 74400
ISBN 978-89-509-8306-2 74400 (세트)

책값은 뒤표지에 있습니다.
잘못 만들어진 책은 구입하신 서점에서 교환해 드립니다.

• 제조자명 : ㈜북이십일
• 주소 및 전화번호 : 경기도 파주시 문발동 회동길 201(문발동) / 031-955-2100
• 제조연월 : 2025.11.18.
• 제조국명 : 대한민국
• 사용연령 : 3세 이상 어린이 제품

너와 나, 우리들의 마음을 이해하게 도와줄
첫 번째 뇌과학 이야기
정재승의 인간 탐구 보고서 (1~18권)

❶ 인간은 외모에 집착한다
❷ 인간의 기억력은 형편없다
❸ 인간의 감정은 롤러코스터다
❹ 사춘기 땐 우리 모두 외계인
❺ 인간의 감각은 화려한 착각이다
❻ 성은 우리를 다르게 만든다
❼ 인간은 타고난 거짓말쟁이다
❽ 불안이 온갖 미신을 만든다
❾ 인간의 선택은 엉망진창이다
❿ 공감은 마음을 연결하는 통로
⓫ 인간을 울고 웃게 만드는 스트레스
⓬ 인간은 누구나 더없이 예술적이다
⓭ 인간은 모두 호기심 대마왕
⓮ 인간, 돈의 유혹에 퐁당 빠지다
⓯ 소용돌이치는 사춘기의 뇌
⓰ 사랑은 마음을 휘젓는 요술 지팡이
⓱ 음식, 인간의 마음을 요리하다
⓲ 이야기 공장 뇌, 오늘도 풀가동 중!

인류의 과거와 현재를 이어 줄
아우린들의 시간 여행!
정재승의 인류 탐험 보고서 (1~10권)

완간

❶ 위대한 모험의 시작
❷ 루시를 만나다
❸ 달려라, 호모 에렉투스!
❹ 화산섬의 호모 에렉투스
❺ 용감한 전사 네안데르탈인
❻ 지구 최고의 라이벌
❼ 수군수군 호모 사피엔스
❽ 대륙의 탐험가 호모 사피엔스
❾ 농사로 세상을 바꾼 호미닌
❿ 안녕, 아우레 탐사대!